Julius Baumann

Die Staatslehre des heiligen Thomas von Aquino

Verlag
der
Wissenschaften

Julius Baumann

Die Staatslehre des heiligen Thomas von Aquino

ISBN/EAN: 9783957008404

Auflage: 1

Erscheinungsjahr: 2016

Erscheinungsort: Norderstedt, Deutschland

Hergestellt in Europa, USA, Kanada, Australien, Japan
Verlag der Wissenschaften in Hansebooks GmbH, Norderstedt

Cover: Sandro Botticelli "Die Verleumdung des Apelles" (1495)

Verlag
der
Wissenschaften

Die Staatslehre

des

h. Thomas von Aquino

Ein Nachtrag
und zugleich ein Beitrag zur Wertschätzung
mittelalterlicher Wissenschaft

Von

Dr. J. J. Baumann
ord. öff. Professor der Philosophie an der Universität Göttingen

Leipzig
Verlag von S. Hirzel
1909

Inhalt.

Der Kommentar zur Politik, allseitig verglichen mit den thomistischen Kommentaren.

Als Muratori in den Scriptores rerum Italicarum tom. XI, Mailand 1727, zum erstenmal die Kirchengeschichte des Ptolomäus (Tolomeus, Bartholomäus) von Lucca veröffentlichte, bemerkte er S. 746 Z. 19: Die früheren Zeiten darin beruhten auf bekannten Autoren; „was aber die Ptolomäus näheren Zeiten betrifft, so wird wohl niemand sein, bei dem nicht in Wert kommen wird alles, was er geschrieben hinterlassen hat, einerseits weil er ein Schriftsteller von nicht gewöhnlichem Urteil, Sorgsamkeit und Bildung ist, andererseits auch weil er lange am päpstlichen Hof und unter den gelehrtesten Männern sich geübt hat. Vor allem aber ist das hochzuschätzen, was er über des h. Thomas von Aquino Leben und Bücher ausführlich (fuse) bemerkt hat."

Schon 1719 war in den Scriptores Ordinis Praedicatorum (von Quetif und Echard) tom. I S. 542 Spalte 2 Mitte aus handschriftlicher Kunde gesagt: „In der Kirchengeschichte berichtet Tholomeus Vieles und Herrliches, ja auch Genaueres als jeder andere über den h. Thomas; hätten dieses die berühmten Herausgeber der Acta Sanctorum (die Bollandisten) gelesen, so würden sie lichtvollere (dilucidiora) Akten des H. gegeben haben, und es wäre ihnen nicht einiges entschlüpft, was verbessert werden muß!" Die Akta Sanktorum kannten nur die Annales des Tholomeus (von 1060—1303 und erwähnen sie in dem commentarius praevius, aber diese Annalen haben über Thomas Weniges. Auf jene Kirchengeschichte (von den ältesten Zeiten bis 1312) geschieht, wie Echard bemerkt hat, Berufung in den actis S. S., (Editio nova 1865, Mart. Tom. I p. 704 § 60). Dort gibt Wilhelm von Tocco für das Zahnwunder in Paris (ein überflüssiger und störender Zahn ist plötzlich dem Thomas über Nacht gewachsen und am Morgen während seines Gebetes ausgefallen), er gibt als Gewährsmänner an einen Neffen des Thomas und Tholomeus, episcopus Torcellanus qui fuit studens Fr. Thomae et multa de ejus sanctitate scripsit. Er habe es von Tholomeus gehört August des vorigen Jahres, in dem er selbst (Tholomeus) Zeuge am römischen Hof gewesen sei. Damals habe er von Tholomeus auch gehört die Heilung eines Fieberkranken durch Auflegung der Reliquien der h. Agnes, welche Thomas an seinem Halse trug (das Verhör des Wilhelm von Tocco fand statt am 4. August 1319).

Die Ausführlichkeit und Genauigkeit der Mitteilungen über Thomas erklärt sich daraus, daß nach der Historia Ecclesiastica Bd. XXIII c. VIII (p. 1169), „er oft die Beichte des Thomas gehört hat und mit ihm viele Zeit in vertrautem Dienst (familiari ministerio) verkehrte und sein Zuhörer gewesen ist". Über den Kommentar zu Aristoteles Politik berichtet er im

Zusammenhang so (lib. XXIII, c. X): „Dieser Doktor (Thomas) schrieb zur Zeit dieses Papstes (Gregor XII. von 1271 an) am 3. Teil der Summa, machte ihn aber nicht fertig (complevit). Zu dieser Zeit disputierte er auch usw. Schrieb auch über Philosophie, nämlich de Coelo et de Generatione, sed non complevit et similiter Politicam (nämlich non complevit). Sed hos libros complevit Magister Petrus de Alvernia, fidelissimus discipulus ejus, Magister in theologia et magnus Philosophus et demum Episcopus Claromontanus.

Ich habe complevit übersetzt „machte fertig". In diesem Sinne gebraucht Tholomeus das Wort z. B. Bd. XXII c. XVIII (S. 1150), wo er von Albertus Magnus schreibt: hic Summsam theologicae inchoavit, sed non complevit; c. XXIV, p. 1154: hoc autem (officium de corpore Christi secundum) fecit (Thomas) completum; Lib. XXIII c. XXX p. 1181: donec Basilica fuit completa. Discipulus heißt Schüler, d. h. Zuhörer und infolgedessen Anhänger. B. XX c. II p. 1099 wird erzählt: Abaelard cum suis discipulis sibi quendam locum super Sequanam habere voluit; ibid. p. 1100: aegre ferentes ejus discipuli ad aliquos dies corpus ejus furtim accipiunt; B. XIX c. XXI p. 1082: Anselmus — discipulus Lanfranchi. Die Stelle oben heißt danach: „aber diese Bücher machte fertig Petrus von Alvernia, ein treuester Schüler, der auch abgesehen von diesem Verhältnis in Theologie und Philosophie bewährt ist".

Nach den Scriptores Ordinis Praedicatorum

I 489 Spalte 1 ff. war Petrus de Alvernia (Franzose) kein Dominikaner, ein Philosoph in seiner Zeit von erstem Namen und auch ein berühmter Theologe, 1275 (also ein Jahr nach Thomas' Tode) Rektor der Universität Paris; Mitglied der Sorbonne und Canonicus an einer Pariser Kirche; er lebte noch 1301. Außer den in Thomas Werken erhaltenen Fertigstellungen sind handschriftlich von ihm vorhanden Quaestiones super IV libros de coelo et mundo, Super IV libros meteororum, De vegetabilibus et plantis, De somno et vigilio, De juventute et senectute, De morte et vita, De motibus animalium, In XII libros Metaphysicorum Aristotelis, Super totam logicam veterem, Sex quolibet theologica. Von dem Kommentar zur Metaphysik, der in einer Handschrift auf den des Thomas folgt, bemerkt Echard ausdrücklich, daß er von dem des Thomas verschieden sei (S. 2852, 13) und daß er nicht von Seinem in das Werk des Thomas übertragen habe.

Wir haben also in Petrus Alvernas einen Gelehrten vor uns, der durchaus in der Lage war, selbständig die bez. Schriften zu behandeln, namentlich die naturwissenschaftlichen, und der schon ein großes Ansehen beim Tode des Thomas genoß, und der doch, wie Tholomeus sagt, die drei Schriften fertig machte als treuester Schüler desselben, d. h. als Werke des Thomas fertig machte und nicht als seine eigenen. Wo Tholomeus sagen wollte: es ist ein Schriftsteller selbständig für einen anderen eingetreten, da hat er dafür einen sehr geeigneten Ausdruck. B. XXII c. XXIV p. 1153 be-

richtet er, Urban VI. hatte dem Bonaventura zwei Evan=
gelien zu glossiren übertragen, aber der entschuldigte sich
mit dem Amt, das er hatte, weil er General der Fran=
ziscaner war, und nun fährt er fort: idem Doctor
Sanctus Frater Thomas supplevit, d. h. er trat selb=
ständig für ihn ein. Daß Tholomeus bei den drei un=
vollendeten Büchern des Thomas nicht schreibt, supplevit, sondern complevit, besagt: er machte sie nicht als
eigene Werke, sondern als Werke des Thomas fertig,
und tat dies als ein treuester Schüler, d. h. er hatte
bei Thomas gerade diese Schriften gelernt und gab das,
was er darin gelernt hatte. Wo Petrus Schüler des
Thomas gewesen ist, wird nicht gesagt, aber Thomas
lehrte zuletzt 1269—71 in Paris (s. Scriptores Ord.
Praed.). Gelesen und zum Teil geschrieben hatte er
hierher Gehöriges viel früher. Ptolomaeus 1. XXII
c. XXIV (p. 1153) berichtet: Isto autem tempore
(unter Urban VI. 1261—64) Thomas tenens studium
(Vorlesungen) Romae quasi totam Philosophiam sive
Moralem, ave Naturalem exposuit, et in scriptum
seu commentum redegit, sed praecipue Ethicam et
Mathematicam (zu lesen oder zu verstehen ist Meta-
physicam) quodam singulari et novo modo tradendi,
d. h. in der Weise seiner Kommentare. Solche Vorlesungen
muß also Thomas auch zu Paris gehalten haben. Aber
außerdem existierten von seinen Vorlesungen nachge=
schriebene oder nach denselben ausgearbeitete Hefte.
Tholomeus B. XXIII c. XV p. 1172: Alia etiam
multa scripta sunt ab eo utilia quae magis habentur
per modum reportationis (nachgeschriebener oder nach=

gearbeiteter Vorlesungen); quae ipse videns postea correxit et inde ulterius approbavit. Unde sunt postillae super omnes Epistolas Pauli praeter Epistolam ad Romanos, quam ipse notavit, quae ego vidi et legi. Item postilla super Johannem, de quo ipse super V capitula proprio stilo notavit, totum aliud reportatum fuit, sed correctum per ipsum. Mündliche Vorträge und schriftliche Aufzeich= nungen nach solchen haben also Petrus vorgelegen, so= fern er eben als treuester Schüler die Fertigstellung be= sorgte. Und was diesen Fertigmachungen abgeht dadurch, daß Thomas sie nicht selbst durchsehen konnte, das war eben kein Bedürfnis nach Tholomeus, sintemal er als reifer Mann das machte und doch ganz als ein Werk des Meisters.

Stimmen mit dieser Darstellung des Tholomeus die inneren Gründe zusammen? Daß der Kommentar zur Ethik unter Urban VI., also zwischen 1261—64, verfaßt ist, steht durch das Zeugnis des Tholomeus fest. In dieser Zeit kannte Thomas die Politik, die direkt aus dem Griechischen übersetzt war, denn die abend= ländischen Araber hatten die aristotelische Politik nicht gehabt. Der Kommentar zur Ethik verweist öfter auf die Politik. Belege dafür sind: Ethik Lib. I Sectio I „Deinde cum dicit multis autem“: Er selbst aber be= weist im 1. Buch der Politik, daß Reichtum nicht Zweck der Hausverwaltung (oeconomiae), sondern werkzeug= liches Mittel (instrumenta), — Lib. IV Sectio VII Anfang: Oder auch nur ein Gastmahl veranstaltet, ver= anstaltet es der ganzen Gemeinde (communitati), wie es üblich war nach dem 2. Buch der Politik. — Lib. V Sectio II Anfang: In gewissen Staatsverfassungen ist das Gerechte bloß ein relatives (secundum quid), wie klar vorliegt im 3. Buch der Politik. Lib. V Sectio III Ende: Im 3. Buch der Politik wird gezeigt, daß es nicht dasselbe ist in jeder Staatsverfassung, schlechtweg ein tugendhafter Mann und ein guter Bürger zu sein. Lib. VIII Sectio X Anfang: Es scheint aber ange= messen, daß es noch eine andere Art gibt, obwohl einige sie nicht setzen, wie klar ist im 5. Buch der Politik, welche Art angemessenerweise Timokratie genannt wird, von timos. Timos nämlich heißt der Preis (pretium), weil nämlich in dieser Staatsverfassung Preise gegeben werden den Armen und Verluste auferlegt werden den Reichen, wenn sie nicht zu den Bürgerversammlungen kommen, wie klar ist im 4. Buch der Politik. Einige aber pflegen diese mit dem gemeinsamen Namen der Politie zu benennen, darum weil sie gemeinsam ist den Reichen und Armen, wie klar ist im 4. Buch der Politik. Lib. X Sectio X Anfang: Wie im 1. Buch der Politik gesagt wird. Lib. X Sectio XVI Ende: Im 2. Buch der Politik wird er behandeln, was von Früheren treff= lich über den Staat ist gesagt worden; im 3.—7. Buch wird er bestimmen richtige und verfehlte Verfassungen und welche Ursachen die einzelnen Staatsverfassungen erhalten oder verderben. Vom 7. Buch an erwägt er den Idealstaat. Im 1. Buch legt er gewisse Prinzipien der Politik nieder. (Sed ante omnia haec ponit quae-dam principia politica libro primo, e quibus dicit se incepturum. Quod quidem est continuatio ad librum politicae et terminatio summae totius libri Ethicorum).

Außerdem hat Jourdain, La philosophie de St. Thomas d'Aquin, Paris 1858, ganz richtig bemerkt: in den echten Partien von de regimine principum (I—II c. 4) hat Thomas den ganzen Abschnitt über die Staatsverfassungen geschöpft aus dem 6. Buch der aristotelischen Politik, ebenso sei die Schilderung des Tyrannen in dieser Schrift inspieriert von dem Stagiriten, und zusammenfassend konnte er urteilen: la substance des livres de la Politique a passé sozusagen tout entière dans le traité du gouvernement des princes. Verfaßt ist diese Abhandlung nach Jourdain zwischen 1266 und seinem Todesjahr (1274). — Auch im Kommentar in XII libros Metaphysicorum wird die Politik von Thomas zitiert im Proömium. Wie der Philosoph in der Politik lehrt, muß, wenn mehreres auf eins hin geordnet wird, eins davon Regel und gleichsam Regent und das andere geleitet sein; — wie in dem vorhin genannten Buch der Philosoph sagt, sind die durch Verstand Kräftigen (vigentes) natürlicherweise die Leiter und Herren der anderen, die Menschen aber, die körperlich kräftig sind, des Verstandes aber ermangeln, sind natürlicherweise Sklaven.

Daß mit der moralis philosophia, die Thomas zwischen 61 und 64 erklärte, die Politik mitgemeint ist, unterliegt nach peripatetischem Sprachgebrauch keinem Zweifel. Selbst schriftlich abgefaßt hat er den Kommentar zur Politik erst von 1271 an nach demselben Tolomäus. Dieser hat nicht angegeben, wie weit er selbst die Abfassung geführt hat. Es schien ihm eben das ganze von Petrus Alvernas fertiggeführte tatsächlich ein Werk des Meisters. Die älteste Überlieferung ist, daß Thomas 4 Bücher der Politik selbst verfaßt habe, Echard (Script. Ord. Praed. 286, 1, Z. 15 ff.) nennt als ersten Zeugen den Logotheten und Protonotar des Königreichs Sizilien, Bartholomäus von Capua, der am 8. August 1319 als Zeuge im Kanonisationsprozeß vernommen worden ist (Acta S.S. 710, 1, 8). Seine Quellen gibt dieser dort so an: als er, ein sehr junger Mann, an die Universität Neapel gekommen, sei er viel mit angesehenen Dominikanern verkehrt. Auch der im Kanonisationsprozeß vernommene Dominikaner Jacobus de Cajatia (p. 697 ibid.) berief sich für Wunder des h. Thomas speziell auf Mitteilungen des Bartholomäus von Capua. Selbst Wilhelm von Tocco, der Thomas noch in seiner letzten Zeit gesehen (ibid. 704), beruft sich für manches in seinen Angaben neben dem Frater Raynaldus, dem socius des Thomas, der die Leichen= predigt auf ihn hielt, speziell auch auf Bartholomäus von Capua, der als Dominus, ein großer Herr, be= zeichnet wird. Mehr als in den Afta S.S. steht von den Aussagen des Logotheten bei Baluze, Vitae ponti- ficum Avenionencium, 1693, tom. II p. 7 ff., darunter jene Bemerkung über 4 (die 4 ersten) Bücher der Politik. Es war das nach Echard (S. 286, 1, 15 u. ff.) über= haupt die ältere Überlieferung. Aber 1471 (ebendaselbst S. 286 Spalte 2) behauptete Theophilus Cremonensis, Dominikaner, bloß 2 Bücher der Politik und der größte Teil des dritten seien von Thomas. Von der Mitte des 3. Buches an finde sich große Verschiedenheit in den Kommentaren, von da an gehe die Arbeit des Petrus Alvernas, der in suis commentariis pro posse divinum Doctorem secutus est; reliquis enim Petri commentationibus haec in Politicorum libros commentariorum suppletio plurimum alludit nach ihm. Wie Petrus dem Thomas folgen sollte, wenn ihm nicht Materialien desselben über die ausstehenden Bücher zu Gebote standen, wird nicht angegeben. Inwiefern die Kommentare des Petrus, sofern sie Thomas fortsetzen, sich von dessen Art entfernen, wird nicht weiter ausgeführt. Sehr genau ist Theophilus nicht; er gibt an, Thomas habe in decem libros Metaphysicorum geschrieben (statt in duodecim). Allerdings steht in codice regio saeculi XIII vel XIV (Ethik und Politik) nach liber III ad finem lectionis VI^{ae}: Explicit sententia libri politicorum. Das übrige wird Petrus Alvernas zugeschrieben. Theophilus rechnet den Petrus unter die Dominikaner, was freilich ein alter Irrtum ist. S. 287, 1 ist Echard der Annahme desselben geneigt, meint indes, wegen der Autorität so vieler Zeugen, die übereinstimmend (constanter) behaupten: Thomas hat zu den vier ersten Büchern geschrieben, empfehle sich eine genauere Untersuchung.

Indem wir der älteren Überlieferung folgen, welcher sich auch die Ausgabe Leos XIII. anschließt (Bd. I CCLIII Spalte 2), sehen wir uns zunächst die vier ersten Bücher der Politik an, auch die Zitate zur Politik selber. Zitiert sind in den vier ersten Büchern Ethik (sehr oft), Metaphysik, Platos Timäus, auf die Politik selbst wird vorwärts und rückwärts in folgenden Stellen verwiesen:

Lib. II Lectio VII Anfang: ut in tertio dicetur.

Lib. III l. I Anfang: hic incipit (Philosophus) prosequi de eis (politiis) secundum propriam opinionem, et dividitur in partes duas. In prima manifestat diversitatem politiarum. In secunda docet qualiter optima politia sit instituenda in principio septimi libri

ibid. in quarto libro.

Lib. III l. I: Politiae autem, ut infra dicetur. Ibid. ut in primo dictum est.

III, II: considerandum erit alibi, i. e. in septimo — pertinet ad aliam considerationem, quae in sequentibus determinabitur (ibid. gegen Ende).

III Anfang: ut infra dicetur.
Ibid. dictum est autem in primo
        ut in primo dictum est.

III, V: dictum est in primo libro
Ibid. et supra etiam in secundo
        sicut infra dicetur.

III, V Ende: ut infra dicetur.

III, XIV Anfang: in fine hujus tertii.

IV: puta in secundo hujus, ubi posuit Politiam Platonis quam forte dixit esse optimatum. Ibi enim numeravit partes civitatis, vel forte in tractatu separato, ubi de republica optimatum dixit.

Soweit also Thomas selbst, und nun vom 5. Buch an? Zitiert wird Ethik (sehr oft), VII, XI Seneca,

VII, XII zweimal Avicenna VIII, II „sed forte"
(S. 704, 2, 4 u. der Parmaer Ausgabe heißt es: dicit
tamen interpres (Guilelmus de Moerbeke?) quod ante
illam (litteram). „Etenim etc" necessarium videtur
sibi aliquid deficere. Auf die Politik rückwärts und
vorwärts wird verwiesen an folgenden Stellen:

Lib. V Lectio I Anfang: de omnibus enim
aliis quae proposuimus dicere, in principio fere
dictum est
ibid. determinabit in sequenti, i. e. sexto.

V, V Ende: dicebat enim superius Philosophus
ibid. de qua dictum est in secundo libro.

V, VII: sicut dictum est prius.
   secundum quod dictum est superius.
   sicut dictum est in tertio hujus.

V, VIII: quarum quaedam dicta sunt prius.
V, XIII Anfang: ut apparuit (das Wort ist aus
   der Stelle selbst beibehalten) in
   secundo hujus.
   sicut apparuit ex quarta.
   sicut dictum est prius in
   quarto.

VI, I: quod in praecedentibus, puta in quarto,
   dictum est.
   sicut dictum est in quinto hujus.

VI, II: sicut dicebatur in primo hujus.
   sicut apparuit in quarto.
   in quarto hujus.
VI, III: in quarto prius.

VI, IV: in quarto hujus.

   in quarto hujus.

VI, V: prius in tertio libro.

   in quinto.

   in quinto.

   in quinto.

VI, VI: in quarto.

   prius in quarto.

VI, VII: prius in fine quarti.

   in quarto hujus.

VI, II: in primo.

VII, I: in primo hujus.

VII, II: in primo hujus.

   in primo tractatu libri istius (eben der
   Politif).

VII, III: in praecedenti libro.

VII, VI: in primo hujus.

VII, VII: in tertio hujus.

VII, VIII: in secundo.

VII, X: in primo hujus.

   in tertio dictum est.

   in tertio hujus.

   in tertio libro.

VII, XI: in tertio hujus.

   sicut dictum est prius.

   in principio istius septimi.

   dicebatur in secundo hujus.

VIII, I: in primo hujus.

VIII, II: apparet in secundo.

VIII, III: in primo hujus.

Danach kannte Thomas, als er die vier ersten Bücher erklärte, das ganze Werk genau auch in den späteren Büchern, und in 4—8 sind die vier ersten Bücher anerkannt und zitiert, als wären sie von demselben Verfasser, der auch 5—8 schrieb, d. h. Petrus de Alvernia schrieb nicht selbst, sondern als Thomas, d. h. mit dessen irgendwie ihm zu Gebote stehenden Material.

Dabei könnte man aus der Stelle I Lectio IX Deinde cum dicit: sunt autem, wo er plantatae erklärt mit, sicut sunt vineae et horti et oliveta vermuten, sie sei in Italien geschrieben und die Stelle L. V, VII Deinde cum dicit: Bene autem, wo es heißt dicendum est igitur quod ly omnes potest teneri collective vel divisive, daß sie in Frankreich ursprünglich gefaßt ist. Denn ly ist hier Artikel: Nippeau dictionaire de la langue française au 12 et 13 siècle S. XXV, art. sing. masc. li, italienisch lo, la, i, gli (anciennement li), le. Godefroy, Dictionaire de l'ancienne langue française, 1885, le, lo, lou, lu, article masculin sing., regime, li, lui, article masculin, sujet. Nach Denifle ist ly der arabische Artikel.

Ehe wir die sachliche Auffassung bei der Erklärung der Politik in den vier ersten und in den vier letzten Büchern ansehen, werfen wir erst einen Blick auf die Art des Thomas in seinen Kommentaren, z. B. zur Ethik und zur Metaphysik. Thomas Kommentierungsart ist die aneignende. Er erklärt Schriften, die er im Grunde billigt, doch macht er auch, wo es ihm nötig scheint, Vorbehalte. Darum eben sind seine Kommentare so lehrreich für seine eigene Auffassung. So z. B.

Ethik V c. 8 bemerkt er aristotelisch und doch voller gewendet: „Die Handwerke würden zu Grunde gehen, wenn einer nicht soviel und solches empfinge, wieviel und von welcher Qualität er gemacht hat" und vorher: „es scheint Sklavenstellung zu sein, wenn einem, der etwas macht, ein anderer nicht in entsprechender Weise dagegen etwas macht". V, IX: „Damit ein Tausch gerecht sei, müssen soviele Schuhe gegeben werden für ein Haus oder für die Speise eines Menschen, um wieviel der Baumeister oder Ackerbauer in Arbeit und Auslagen den Schuster (coriarium) überschreitet. — Das eine, was alles mißt, ist in Wahrheit das Bedürfnis (indigentia), es enthält alles Umtauschbare, sofern alles auf die menschliche Bedürftigkeit bezogen wird. — Den Dingen wird ein Preis beigelegt, je nachdem die Menschen ihrer zu ihrem Gebrauch bedürfen. — Auch die Münze (denarius) erleidet dasselbe wie die andern Dinge, daß sie nämlich nicht immer von demselben Wert ist, sie muß jedoch so eingerichtet sein, daß sie mehr in demselben Wert bleibt als andere Dinge. VI, II Ende wird zu dem Vers des Agathon, Gott könne Geschehenes nicht ungeschehen machen, von Thomas rundweg, d. h. christlich bemerkt: „Die Kraft Gottes, der die allgemeine Ursache des Seienden ist, erstreckt sich auf das ganze Seiende (totum ens); daher ist nur das der göttlichen Macht entzogen, was dem Begriff des Seienden widerstreitet, wie das, was einen Widerspruch einschließt. Von der Art ist, daß nicht gewesen sei, was geschehen ist". Zu VI, VII stellt Thomas eine ganze Lernordnung auf folgendermaßen: „es wird also die angemessene Lernfolge sein, daß zuerst die Knaben in Logik unterrichtet werden, weil die Logik die Methode (modum) der ganzen Philosophie lehrt. Zweitens aber sind sie zu unter= richten in der Mathematik, welche weder der Erfahrung (im aristotelischen Sinne = oft etwas sinnlich empfinden) bedarf, noch die Imagination (sinnliches Vorstellen auf Grund der Empfindung) übersteigt. Drittens aber im Physikalischen (naturalibus), das, ob es gleich nicht Sinne und Imagination überschreitet, doch Erfahrung erfordert. Viertens in Moral, welche erfordert Erfahrung und einen von Affekten (impulsivem Tun) freien Geist. Fünftens aber in Weisheit und göttlichen Dingen, welche die Imagination überschreiten und kräftigen Verstand erfordern". X, IV vel sic heißt es: „Wie eine Schlange gegessen manchmal einen Aussätzigen heilt, obwohl sie einen Gesunden tötet". Im Text steht von Schlange und Aussätzigen nichts. X, X existimamusque: „größer ist die Freude in der Betrachtung der schon er= kannten Wahrheit als an der Forschung nach derselben". Der Text hat: es ist aber vernunftgemäß, daß die Wissenden eine freudigere Lebensführung (conversationem) haben als die (nach Wissen erst) Suchenden". Hier ist also bloß volle Anerkennung des Gedankens. X, XII vide- bitur autem: „Der Wille des Menschen wird nicht offenbar ohne äußere Betätigung. Kein Tapferer, kein Mäßiger, überhaupt kein Tugendhafter ist offenbar ohne Werk. — Zur allseitigen Vollkommenheit der moralischen Tugend wird nicht bloß die Wahl (Gesinnung) erfordert, sondern auch die äußere Betätigung". Hier ist wieder volle Wendung des Textgedankens. — Lib. I Lectio XVII

erklärt er die Frage des Textes, ob die Gestorbenen
noch an irdischem Wohl oder Übel nachträglich Teil
haben, so: „es scheint aber, daß nach der Meinung des
Aristoteles, was hier gesagt wird, verstanden werden zu
müssen von den Toten nicht, wie sie in sich selbst sind,
sondern sofern sie leben im Gedächtnis der Menschen.
Zu fragen aber, ob die Menschen nach dem Tode irgend-
welcherweise der Seele nach leben und ob sie das kennen
lernen, was hier vor sich geht oder ob sie infolge davon
irgendwie beeinflußt werden (immutantur), gehört nicht
zum Thema, da der Philosoph hier handelt von dem
Glück des gegenwärtigen Lebens, wie aus dem Oben-
gesagten erhellt. Und deshalb sind derartige Fragen, welche
eine lange Diskussion bedürften, hier wegzulassen, damit
nicht in dieser Wissenschaft, welche auf Betätigung geht
(est operativa), zu viel Reden außerhalb der Betätigung
gemacht werden, was der Philosoph oben verworfen
hat. Jedoch anderwärts haben wir dies ausführlicher
erörtert". Der Grundgedanke der Stelle zeigt ein
meisterliches Verständnis der aristotelischen Ethik.

In derselben Manier ist der Kommentar des Thomas
zur Metaphysik gehalten, davon ein paar Proben.
Lib. V L. XX handelt er von der Zufälligkeit so: „Weil das
Verfehlen (defectus) dessen, was in der Regel ist, wegen
der Materie statt hat, die nicht vollkommen der wirkenden
Kraft in der Regel sich unterwirft, deshalb ist die
Materie die Ursache von dem, was anders sich ereignet
als in der Regel, nämlich dessen, was in den wenigeren
Fällen eintritt, nicht notwendige, sondern zufällige (con-
tingens) Ursache. — Avicenna beweist in seiner Meta-

physik, daß keine Wirkung im Vergleich mit ihrer Ursache möglich sei, sondern nur notwendig. Denn wenn es möglich ist, daß nach Setzung der Ursache die Wirkung nicht gesetzt werde, das aber, was der Potenz nach ist, soweit es das ist, aktuell wird durch etwas aktuell Existierendes, so wird also etwas anderes als die Ursache machen, daß dort die Wirkung aktuell wird. Jene Ursache wird also nicht zulänglich sein. — Zufällig ist z. B. etwas wegen der Ungeeignetheit der Materie, welche nicht aufnimmt die von der wirkenden Ursache beabsichtigte Form, sondern eine von anderer Art, wie es sich ereignet bei monströsen Geburten der Tiere. — Zur göttlichen Vorsehung gehört nicht bloß, daß sie dies Seiende macht, sondern daß sie ihm die Zufälligkeit oder Notwendigkeit gibt (L. VI, Lectio III gegen Ende). — Man muß sagen: das ist von Gott vorgesehen, daß es zufälligerweise sei oder daß es notwendigerweise sei".

X, Lectio XI, esse vero: „Hieraus erhellt, daß nach der Ansicht des Aristoteles der menschliche Verstand dazu gelangen kann, die einfachen Substanzen zu erkennen. Was er im 3. Buch über die Seele scheint zweifelhaft gelassen zu haben."

XI: „Wiewohl die erste Materie Potenz zu allen Formen ist, so nimmt sie doch dieselbe in einer gewissen Ordnung auf. Zuerst nämlich ist sie Potenz zu den Elementarformen, und vermittelst dieser nach den verschiedenen Verhältnissen der Mischungen ist sie in Potenz zu verschiedenen Formen; deshalb kann nicht aus allem unmittelbar alles werden, außer etwa durch Auflösung in die erste Materie".

XII, Lectio XI: „Gott, indem er sich denkt (intelligit), denkt alles andere. Um wieviel vollkommener irgend ein Prinzip erkannt wird, umso mehr wird in ihm seine Wirkung erkannt. Gott erkennt (also) dadurch, daß er sich selbst erkennt, alles. Auch nimmt der Nutzen irgend einer erkannten Sache der Würde des Erkennens nichts. Denn etwas ganz Unwürdiges aktuell zu erkennen, ist nicht zu fliehen, außer sofern der Verstand dabei stehen bleibt und indem er es aktuell erkennt, abgezogen wird, Würdiges zu erkennen".

Auch in der Metaphysik ist eine Stelle, die auf eine Abfassung in Paris deuten könnte: L. IV, Lectio XIV deinde dignum: „Wenn nämlich einer, der in Libyen ist, im Traum sähe, daß er in Athen sei, oder einer, der in Paris ist, im Traum sähe, daß er in Ungarn wäre". Es ist aber auch eine Stelle, die auf Abfassung in Rom deuten kann: Lib. X, Lectio IX: „Wie das Geschlecht der Römer oder Herakliden"; im Text steht natürlich nur das letztere.

Wie steht es im Vergleich mit den Kommentaren des Thomas zur Ethik und Metaphysik bei den vier ersten Büchern der Politik. Die Art der Behandlung ist ganz dieselbe. I, I inter barbaros: „Barbarei wird passend durch folgendes Zeichen erklärt, daß nämlich die Menschen entweder keine Gesetze haben oder unvernünftige verwenden und ähnlicherweise damit, daß bei einigen Völkern kein Gebrauch der Schrift ist (exercitia literarum)". — I, I quod autem: „Die tierischen Laute wie die menschlichen Interjektionen bezeichnen die Empfindungen von Lust und Schmerz, die menschliche Sprache (locutio)

aber bezeichnet, was nützlich und was schädlich ist". —
I, III non difficile: „Denn was einem nützlich (expe-
diens) ist, scheint ihm würdig und gerecht". I, III
animal autem: „Der Körper kann nicht bewegt werden
außer von der Seele, deshalb ist er ihr gänzlich unterworfen (subjicitur); das Begehren (appetitus) aber
kann bewegt werden nicht bloß von der Vernunft, sondern
auch von den Sinnen (sensu), und deshalb ist es nicht
gänzlich der Vernunft unterworfen". I, III vult quidem:
„Auch in allem anderen, was entsteht und vergeht, erreicht die Natur ihre Wirkung in den meisten Fällen
(ut in pluribus), verfehlt sie aber in der Minderzahl
(in paucioribus). — I, IV totaliter autem: „zum
Nutzen der Menschen sind alle Gesetze gegeben". Ibid.
„Da es sich meist ereignet, daß die Weisen von den
Unweisen überwunden werden (cum plerumque contingat
sapientes ab insipientibus superari)". Im Text davon
nichts. I, VII: „Reicher sind diejenigen, die Überfluß
haben an den zum Leben notwendigen Dingen, wenn
man wahr reden will, als jene, welche an Münze (dena-
riis) Überfluß haben". Steht so im Texte nicht. II, I
quamvis manifestum: „Wenn nämlich einem nicht ver-
golten würde gemäß dem, was er getan (geleistet) hat,
so wäre das eine Art Sklaverei, wie eben dort (in der
Ethik) gesagt ist". — II, V quin imo sed: „Die
Hervorragung durch Tugend ist nicht immer so offenbar,
daß nach ihr allein in ausreichender Weise Menschen
könnten gefunden werden, die zu den leitenden Stellungen
(principatus) genommen würden". Vorher: „Die Edleren
von Herkunft oder die hervorragenden Reichen pflegen

zu leitenden Stellungen genommen zu werden". Steht nicht im Texte.

Ganz dieselbe aristotelische und doch selbständige Denkart begegnet im Buch V—VIII. — V, I omnium autem: „Wenn aber jenes zusammenträfe, daß (die Weisen, die Tüchtigen) gerechte Ursache und Macht hätten und es keine Benachteiligung des Gemeinwohls wäre, so würden sie mit Fug (rationabiliter) Aufstand erheben und sündigen (peccarent), wenn sie ihn nicht erregten." Steht nicht im Texte. V, XIII tamquam natura: „Daß eine solche Neigung zu Ehrbarem oder Schändlichem durch die Himmelsstellung (figura coelesti) verursacht werde, muß man notwendig sagen, obwohl sie keine Notwendigkeit in dem auflegt, was nach der Vernunft getan wird (operantur)." Steht nicht im Text. V, XIII inconveniens autem: „Und es ist zu verstehen, daß die Ursache, welche Aristoteles angibt für diese Umänderung, nämlich nicht zu schätzen und die Armen nicht als Gleiche zu haben, die nächste Ursache hiervon ist. Die Ursache aber, welche Sokrates angegeben hat, ist die entferntere und erste Ursache. Denn aus zu großem Reichtum fassen sie die genannte Schätzung, woran dann der Wille der Umänderung des Staates sich anschließt." VI, IV post agricolarum: „Daher sagt Vegetius in dem Buch vom Militärwesen, bessere Soldaten seien auszuwählen aus Jägern und Fleischern (carnificibus) und Schmieden." VI, IV necesse autem: „Wer nämlich die Macht hat, zu tun, was ihm gut scheint, hat nicht das Vermögen, gemäß der Vernunft zu beachten die Ausschreitungen (excessus), die in jedem Menschen sind." So ist das quod in unoquoque hominum tribuale des Textes erklärt. Im Griechischen steht *τὸ ἐν ἑκάστῳ τῶν ἀϑρώπων φαῦλον*, der Übersetzer las wohl *φῦλόν*. — VI, V et vivere: „Und es ist zu bemerken, daß der Philosoph nicht sagt, daß die Vorschrift zu geben sei in jenem Staat, so schlecht er immer geordnet sein mag, es solle jeder leben, wie er wolle, auch nicht, daß es zu erlauben sei, wenn man es gewußt habe, sondern er sagt bloß, man müsse es übersehen." Der Text hat: Et vivere ut quis vult dissimulare. Denn in keiner Gesellschaft von Menschen, wenn sie bleiben soll, ist dies vorzuschreiben noch auch irgendwo und hier und da zu erlauben, sondern manch=mal zu übersehen wegen der Qualität der Person oder eines anderen Umstandes." — VI, VII accidit autem: „Denn es war bei den Heiden einiges, das geopfert wurde." — VII, I putantes igitur: „Und das ist es, was Boethius im 3. Buch de Consolatione sagt, daß Glückseligkeit (felicitas) ist ein durch Zusammentreten (aggregatione) aller Güter vollkommener Zustand." Ibid. nullus enim: „Denn kein gut Gearteter würde den schlechthin glücklich nennen, der nicht irgend ein Stück der Tugend erreicht, z. B. der Tapferkeit oder Mäßigkeit oder Gerechtigkeit oder Weisheit (prudentiae), welches die 4 hauptsächlichsten Tugenden sind. VII, II quia haec: „Frei ist, wer seiner selbst wegen ist. Was nicht so verstanden werden kann, daß irgend jemand primär Ursache seiner selbst sei, denn nichts ist Ursache von sich selbst, sondern es ist zu verstehen, daß der frei ist, der nach etwas ihm Eigenem sich Ursache ist der

Betätigung.“ Im Text steht davon nichts. VII, IV quoniam autem: „Nähe der Stadt am Meere (nicht zu suchen) sowohl wegen der genannten Nachteile, die Aristoteles behandelt, als weil sie Krankheiten begünstigt und aus vielen anderen Gründen.“ VII, V genus autem: Die Lage der Griechen zwischen Nord und Süd macht ihre bevorzugte Stellung zwischen den Barbaren aus. „Aber dagegen könnte einer vernünftigerweise einwenden, daß dann die Griechen immer diese politische Stellung hätten einnehmen müssen, wogegen die Geschichte das chaldäische Weltreich kennt, das persische, das römische, und die Weltherrschaft (monarchia) der Römer war von längerer Dauer als die der Griechen.“ Die Lösung wird so gegeben: „Die natürlichen Dispositionen gehen zurück auf die Himmelsstellung (nach I Meteore und 8 Physik). Die Himmelsstellung ist teils eine gemein= same, nämlich je nach Nähe und Entfernung der Sonne, wovon die Gemütsart des Volkes abhängt, teils eine nach der Stellung der Wandelsterne zu einander und zu den Fixsternen. Diese wandelt beständig, obwohl es nicht sinnlicherweise erscheint. Hiernach konnte die Disposition zur Weltmonarchie sich wandeln. Aber schon die be= sondere Lage einer Gegend hat Einfluß auf Wärme und Kälte und damit auf die Gemütsart. 3) werden Ver= stand und Wille nicht genötigt in ihren Betätigungen von der Himmelskraft an sich, sondern nur durch Ver= mittlung der Sinne. Daher kann Weisheit und Tugend auch ohne natürliche Disposition erreicht werden und trotz natürlicher Disposition verloren gehen.“ VII, VIII reliquum autem: „Alles mehr Hervorragende ist Gott darzubringen wegen seiner Hervorragung, von dem alles Gute und alles, was ist, ist." Im Text steht: „Es ziemt sich, daß von den Bürgern die Götter geehrt werden." VII, VII quae autem: „Dies ist zu verstehen für (pro) die Zeit des Philosophen." Ibid.: „viele der von Aristoteles genannten Gegenden haben die Namen verändert, und deshalb wissen wir nicht wohl insgemein (communiter), welche Teile jener Landschaft (Unteritaliens) einige der vorhergenannten Namen bedeuten." VII, VII fere quidem: „vorausgesetzt, daß die Bewegung des Himmels ewig ist nach der Meinung des Philosophen (Aristoteles)." VII, IX et eundem: „Betreffs des Ersteren ist zu bemerken, daß alles, was hier ist, und wir und unsere Betätigungen infolge (ex) der Güte und Freigebigkeit (munificentia) Gottes verursacht wird." Im Text steht einfach, daß die Wohnungen für die Götter einen geeigneten Ort haben sollten. Ibid.: „Des Apollo usw. nach der Meinung der Heiden." Ibid. etenim in: „Er spricht nach der Gewohnheit der Heiden." VII, X etenim: „Denn wenn die Seele an sich von einem Begriff ist ihrer Art nach in allen Menschen und nicht Steigerung und Minderung aufnimmt, da sie eine substantiale Form ist, so wird die Verschiedenheit ihrer Betätigungen und Eigenschaften eine Folge sein (erit propter) der Verschiedenheit der Körper und Materie oder irgend eines anderen äußeren Umstandes." Im Text steht darüber nichts. VII, XII deinde sicut: „Wenn jemand gegen das Gesagte einwendete usw. Und hierauf ist zu erwidern." VII, XII propter quod: „Wenn man aber den Einwurf machte, vorher müsse die eheliche Vereinigung geschehen, die der Philosoph bestimmt usw. Hierauf ist nach der Meinung des Philosophen zu verstehen usw." VII, XII oportet autem: „Und er spricht nach der Meinung der Heiden." Ibid.: Es müssen nämlich die Formen des Sinnlichen, in welchen der Verstand theoretische Betrachtungen anstellt, eine Stütze (fixionem) haben in einem ersten Subjekt, welches der Lebensgeist (spiritus) ist." Im Text steht nichts davon. VII, XII de reservatione: Die Worte nullum talem nutriri (kein Krüppel werde aufgezogen) als Gesetz werden so erklärt: „gemeint ist mit soviel Fürsorge und Eifer, wie die vollkommen Gebornen aufzuziehen sind." Ibid.: „Wir sprechen aber hier von dem menschlichen Ziel im gegenwärtigen Leben, weil der Philosoph so von demselben spricht. Ibid. oportet enim: „Denn dem Philosophen hat das Gesetz oder die Gewohnheit der Erstgeburt nicht als Ganzes gefallen." Ibid.: „So (über die Abtreibung) spricht Aristoteles nicht nach seiner eigenen Meinung, — sondern nach dem Gesetz des Volkes." VIII, I quod quidem: „mechanice (die sklavische Beschäftigung), weil sie gewissermassen moechari facit den Verstand in den Dingen, die ihm als solchem nicht eigentümlich sind." VIII, I est autem: „wie viele der Juristen und Mediziner tun." Steht nicht im Text. VIII, I et si ad hanc: „wie auch die Tartaren (nicht im Text), Achäer und Eniochen am Pontus." VIII, I Ende: warum sich geistige und körperliche Arbeit nebeneinander nicht vertragen. „Der Grund ist, weil so oft irgendwelche zwei Vermögen sich in irgend einer einheitlichen Substanz gründen, die Anspannung bei der Tätigkeit der einen herabsetzt die Betätigung der anderen, weil alle geteilte Kraft geringer ist als sie selbst, wenn geeint. Das Vermögen aber zu den körperlichen Betätigungen, z. B. zu Wachstum und Ernährung, und das Denkvermögen gehören zu einer einzigen Substanz. Und deshalb hindert die aktuelle Anspannung des einen die andere." Im Text steht von der Erklärung nichts, konnte auch so nicht stehen, denn sie ist gegen Aristoteles, aber echt thomistisch, wie ja noch Pomponatius sich Thomas Beweis für die Selbigkeit der denkenden und der vegetativen Seele im Menschen aneignete. VIII, II at vero: Die Melodien Olymps faßt er als solche, welche die heidnischen Priester des Jupiter, der auf dem Olympusberg Griechenlands verehrt wurde, bei den Opfern gebrauchten, — denn durch ihren Gebrauch wurden die Seelen der Menschen hingerissen, so daß sie gleichsam von den äußeren Sinnen entfremdet und unbeweglich gemacht waren wegen der Anspannung der Seele auf etwas Innerliches. — Raptus wird eigentlich und hauptsächlich eine Art des Zuges genannt. Zug ist aber eine gewaltsame Bewegung von einem Anderen zu sich oder zu einem Anderen, wie es im 7. Buch der Physik heißt. Übertragen wird es auf die Bewegung des Menschen seiner Seele nach und zwar auf die Denkbetätigung, durch welche der Mensch erhoben wird (fertur) in etwas dem Denken Erfaßbaren, sei es ihm natürlich oder über seine Natur, infolge der Abwendung von den Sinnen zu Innerem und dessen Unbeweglichkeit." Ibid.: sunt autem: „Die musikalischen Melodien und Rhyth-

men bestehen in gewissen bestimmten Verhältnissen der
Zahlen bei Tönen oder Harmonie (temperantiam); in
ähnlicher Weise bestehen die Seelenaffekte (passiones
animae) in einem gewissen bestimmten Verhältnis des
Wirkenden zum Leidenden und folgen (consequantur)
auf ein bestimmtes Verhältnis des Warmen und Kalten,
Feuchten und Trockenen; der Zorn nämlich ist eine
Entzündung (accensio) des Blutes um das Herz und
die Furcht eine Abkühlung; auch die moralischen Gewohn=
heiten (habitus) bestehen in einem bestimmten Verhältnis
des Begehrens zur Vernunft, auch die Tugenden be=
stehen in einem mittleren Verhältnis der Extreme, ähn=
licherweise auch alles andere zur Moral Gehörige." Im
Text sind nur die Thesen, die ausführende Begründung
gibt der Kommentar. VIII, II in melodies: „Es ist
aber die lydia mixta die Melodie oder Gesang des
7. Tones, — lydia die Melodie des 5. Tones, die
hypolydia die des 6. Tones, die dorica allein — Ge=
sang des 1. Tones, die phrygia die Melodie des
3. Tones (tertii toni)." Die Erklärungen sind die der
damaligen Musik (s. Geschichte der alten und mittelalter=
lichen Musik von Dr. A. Möhler, Sammlung Göschen,
S. 83). Ibid. eodem modo: „Rhythmus ist eine be=
stimmte Zahl von Silben in einer Rede mit einem ähn=
lichen Ende schließend (terminatus)". Die Erklärung ist
vom Kommentar, schließt wohl Reim ein. Ibid. adhuc
autem: „Die Reinigung [κάθαρσις] d. h. die Dispo=
nierung zu Zorn und Kühnheit, z. B. in Kriegen und
Angriffen, wie wir jetzt sehen sie in kriegerischen Fällen
anwenden, nämlich die fistula, die als tuba erklärt

wird." VIII, II apponamus autem: „Solche Instrumente (organa) sind uns gemeinhin nicht bekannt oder nicht unter diesem Namen." VIII, III quoniam autem: „Reinigung scheint zu sein die Zersetzung (corruptio) eines schädlichen inneren Affektes. Und weil Zersetzung des einen geschieht durch Erzeugung eines anderen, deshalb kommt die Zersetzung eines Affektes durch Erzeugung des entgegengesetzten, wie die Zersetzung des Zornes durch Erzeugung von Milde." VIII, III quae enim: Raptus ist Unbeweglichkeit der Sinne und der äußeren Teile infolge der Zurückrufung der Wärme und der Lebensgeister nach dem Inneren." VIII, III quoniam autem: „gemäß welchem wir gemeinhin sagen, daß eine Bauerntrompete (ruralis fistula) mehr wirkt als irgend ein edles Instrument." Dieser Zusatz ist vom Kommentar. Ibid. manifestat autem: „Die fistula oder (vel) tuba wegen der Stärke der Bewegung. Ibid.: eine gewisse Weise des Gesanges, welcher der phrygische heißt, nämlich die des 3. Tones bei uns."

Über Musik hat sich Thomas in der Summa theologiae Secunda Secundae Qu. XCI. art. II so ausgelassen: „Ich antworte, es ist offenbar, daß nach den verschiedenen Melodien der Töne die Seelen der Menschen verschieden disponirt werden, wie erhellt aus dem Philosophen (Polit. lib. VIII cap. 5, 6, 7) und aus Boethius (im Prolog der Musik oder Buch I cap. 1 a med.). Zum 4. Punkt ist zu sagen, daß nach dem Philosophen (Polit. l. VIII c. V etwa Mitte) weder die fistula zum Unterricht herbeizuziehen ist, noch irgend ein anderes kunstreiches Instrument, etwa Zither und was es anderes der Art gibt, sondern nur die, welche die Zuhörer gut machen (faciunt bonos). — Was die Stelle oben S. 27 betrifft, so hat sich Thomas in der Summa theologiae Prima Secundae qu. XCV art. V so darüber ausgelassen: „Kein Körper kann einen Eindruck hervorbringen auf etwas Nichtkörperliches. Daher ist es unmöglich, daß die Himmelskörper direkt Eindruck machen auf Verstand und Wille; denn das hieße annehmen, daß Verstand sich nicht unterscheide von der Empfindung. — Es können daher die Himmelskörper nicht an sich Ursache sein der Betätigungen des freien Willens; sie können jedoch hierzu Neigung hervorrufen, insoweit sie auf den menschlichen Leib Eindruck machen und folgeweise auf die Sinneskraft, welches Betätigungen der körperlichen Organe sind, die zu menschlichen Handlungen geneigt machen. Weil jedoch die Sinneskräfte der Vernunft gehorchen, — so wird damit dem freien Willen kein Zwang auferlegt, sondern der Mensch kann gegen die Neigung der Himmelskörper durch Vernunft sich betätigen." — Ibid.: „Daß die Astrologen aus der Betrachtung der Sterne häufig Wahres vorausverkündigen, trifft aus zwei Gründen ein, einerseits weil die Mehrzahl der Menschen ihren körperlichen Affekten folgen und deshalb ihre Handlungen der Mehrzahl nach gemäß der Neigung der Himmelskörper bestimmt werden (disponuntur); es sind Wenige, d. h. nur die Weiseren, welche durch Vernunft solche Neigungen mäßigen, und deshalb verkünden die Astrologen in Vielem die Wahrheit und besonders in allen Ereignissen, welche von der Menge abhängen. Andererseits wegen der sich ein-

mischenden Dämonen.“   „Hierher gehört auch die Stelle
aus dem Compendium Theologiae ad **Fr. Reginaldum**
qu. CXXXVIIII: „Unter fatum verstehen manche die
Kraft der Stellung der Gestirne, infolge deren, wie sie
sagten, derartige Wirkungen (Zufälliges und Glücksfälle)
sich ereigneten.“

Daß der Kommentar zur Politik V—VIII ganz ist,
wie die vier ersten Bücher und ganz in der Weise der
Thomaskommentare zur Ethik und Metaphysik, wird
wohl jetzt niemand zweifelhaft sein. Mußte aber ein
Kommentar zu Aristoteles Politik so sein wie der des
Thomas und der thomistische des Petrus Alvernas?
Man vergleiche nur den Kommentar Albert des Großen
zur Politik (**Alberti Magni Opera Lugduni 1654
tom. IV**). Albert hat hier mehr die Art der Text=
verdeutlichung, wie Jakob Bernays bei seiner Übersetzung
der zwei ersten Bücher der aristotelischen Politik sie hat,
durch Einschiebung der zur Verdeutlichung dienenden
Ergänzungen angewendet. Und doch ist nach Jourdain
(**Recherches critiques sur l'âge et l'origine des
traductions latines d'Aristote**, 2. Auflage S. 304,
354) gerade der Kommentar Alberts zur Politik mehr
in der Weise des Thomas. „Alberts frühere Methode
war, den Text gar nicht zu erwähnen, obwohl der
Ordnung und Meinung des Aristoteles folgend, mit
Digressionen, Ergänzungen (**supplentes**), mit Kapitel=
einteilungen“. Nach demselben sind Ethik und Politik
nach den anderen Werken des Albert verfaßt, da er die
Probleme in beiden zitiert, die nach ihm, als er de
Somno et Vigilia abfaßte, noch nicht in Latein be=

kannt waren. Nach den von mir gesammelten Stellen
des Albertschen Kommentars zur Politik ist derselbe ver=
faßt nach Super IV Sententiarum, auch nach seiner
Nuntiatur an den Grenzen von Sachsen und Polen.
Lib. VIII, VI Ende des Ganzen versichert Albert eifrig:
„Sieh, ich habe dieses Buch nebst anderen physischen
und moralischen erklärt (exposui) zum Nutzen der
Studierenden; und ich bitte alle Leser darauf zu achten,
daß in diesem Buche nur gehandelt wird von den frei=
willigen Handlungen der Menschen, die, wie Aristoteles
im 3. Buch der Ethik sagt, auf keine eine gemeinsame
Regel je gebracht werden können... Und meist folgt
er den Staatsverfassungen der Orientalen und Ägypter,
die immer sehr unrein gewesen sind in Bezug auf Coitus
und sehr unrein in Bezug auf Kultus, wie sie es auch
heute sind. Und Aristoteles sagt das nicht von sich
aus, sondern er trägt vor (recitat), wie solche Völker
ihre Staatsverfassungen geordnet haben. Auch ich habe
nichts in vorliegendem Buche gesagt als erklärend, was
dasteht, und Gründe und Ursachen angebend. Wie ich
auch in allen Büchern über die Natur niemals von
meinem etwas gesagt habe, sondern die Meinungen der
Peripatetiker, so treu ich konnte, auseinandergesetzt
habe". Das ist sehr verschieden von der im Ganzen
aneignenden, nur hier und da bessernden Art des Thomas
und des Petrus.

Ich vergleiche zunächst Stellen aus dem thomistischen
Kommentar und dem Alberts. VI, c. III (S. 616, 2,
32 u.) hat Albert auch tribuale und erklärt: „Denn wenn
das Volk die Verbesserung hat (corrigat), können die

leitenden Männer (principes) nicht behalten und miß=
brauchen die Gewalt, die gemäß dem Stamm (tribus)
und der Blutsverwandtschaft und den Freunden ihnen
scheint zuzukommen; daher würde das Volk das nicht
gestatten, nämlich die Macht der Blutsverwandten und
Freunde zu mißbrauchen". Augenscheinlich soll tribuale
von tribus kommen, und las die Übersetzung aus dem
Griechischen, die Albert und Thomas vorlag, statt dem
$\varphi\alpha\tilde{\upsilon}\lambda o\nu$ unseres Textes $\varphi\tilde{\upsilon}\lambda o\nu$.

VI, VII accidit autem (Thomas), Albert VI, c.
VI y.: Albert hat nichts von gentiles, sondern ver=
deutlicht den Text mit dem Zusatz: „wie auch in der
ältesten Kirche die Kleriker vom gemeinsamen Tische lebten.

Thomas VII, VII fere quidem; Albert VII,
cap. VII m. ereifert sich folgendermaßen: „wenn, ergänze,
von ewiger und unendlicher Zeit die Welt bestanden
hat, wie sowohl Epikureer als Stoiker als Peripatetiker
gesagt haben, obgleich keiner von ihnen es demonstrativ
bewiesen, sondern allein Aristoteles einen Versuch dazu
gemacht hat, und er ist dabei gescheitert (defecit), indem
er nichts bewies, außer daß die erste Bewegung nicht
durch Bewegung anfing, wie wir in der Summe über
das 2. Buch der Sentenzen (des Lombarden) und im
Kommentar über das 8. Buch der Physik bewiesen haben.

Thomas VII, IX et eundem, Albert VII, c. X b:
Bei Albert wird Vitruv zitiert, bei Thomas nicht, sodann
Augustin, Vitruv nochmals, Ovid, Josephus, wieder
Augustin.

Thomas VII, XII deinde sicut, Albert VII,
c. XIV, c. Albert bemerkt: Und Gregor Nicenus sagt

im ersten Buch vom Menschen, daß die Ansicht des Aristoteles und Demokrit gewesen ist, keiner habe den erworbenen und tätigen Verstand außer der Philosoph; weil, wenn er auch das Vermögen hat, keiner ihn in wirklicher Betätigung hat als der Philosoph.

Thomas VII, XII oportet autem, Albert VII, c. XIV, s. Similiter autem oportet. Albert bietet: „Am Ende fügt er zu, was das Gesetz der alten Heiden war und noch bei einigen ist, wie bei den Slaven, die Cumaner genannt werden, und sie sagen, daß an Gliedern kein defekt Geborener am Leben erhalten werde; sie haben auch festgesetzt, damit keine zu große Menge auf= wächst, daß die Zahl der Kinder von den Eltern bestimmt ist, über welche hinaus keiner am Leben erhalten werde. Aber weil es gottlos ist und gegen das natürliche Gefühl (pietatem) die eigenen Kinder zu töten, so tadelt er dieses Gesetz und sagt, es sei ein kleineres Übel fest= zusetzen, daß die Mütter, fühlend, daß sie empfangen haben, Abort des empfangenen Samens besorgen, ehe der Same Leben und Empfindung erhalte.". Nachher: „Und er spricht nach der Sitte der Heiden, die eine Menge Götter annehmen". Nachher: „nach den Fabeln der Heiden, wobei Augustin zitiert wird.

Thomas VII, XII de reservatione; Albert VII, c. XIV t: „Was aber die Erhaltung und Ernährung der Erzeugten betrifft, so sei Gesetz, der Heiden nämlich, keinen Defekten aufzuziehen. Defekt sind, die mit einem Mangel an den Gliedern geboren werden, die von den vorhingenannten Slaven sofort getötet werden. Und die Ursache ist, weil sie es für gut halten, den zu töten, der in Elend lebt, damit er los komme vom Elend. Und das ist, was im Buch der Elenchi gesagt wird: es ist gut die Eltern zu schlachten. Gut, nennen sie nämlich, was sie für fromm (pium) erachten. Diese Sitte beobachten noch heute die Bewohner in den Grenzgebieten (confinibus) Sachsens und Polens, wie ich mit meinen Augen gesehen habe, da ich Nuntius des römischen Hofes nach jenen Gegenden gewesen bin, in dem die Söhne mir die Gräber der Väter gezeigt haben, die sie so getötet hatten". — Ibid. n. wird die Abtreibung gegen Übervölkerung als das geringere Übel bezeichnet und von Albert dazu gesetzt: „Und deshalb wird nach dem Gesetz des Herrn Exod 21: Wer ein schwangeres Weib schlägt, daß sie eine Fehlgeburt tut mit einem noch nicht ausgestalteten Kinde, nicht der Menschentötung für schuldig geurteilt; wenn aber das Kind ausgestaltet ist, wird er der Menschentötung schuldig geurteilt".

Thomas VIII, I quod quidem, Albert VIII c. I g. Albert hat in artibus mechanicis ohne die Deutung derselben auf moechari.

Thomas VIII, I est autem, Albert VIII c. I h hat nichts über Juristen und Mediziner.

Thomas VIII, I et si ad hanc, Albert VIII c. II Siquidem ad hanc. Von „Tartaren" sagt Albert nichts.

Thomas VIII, I Ende, Albert VIII, II u. Alberts Erklärung ist: „Nämlich Arbeit des Verstandes fordert Verweichlichung des Körpers, daher sagt Aristoteles im 2. Buch „von der Seele": die von weichem Fleisch nennen wir gut fähig an Geist. Denn die Arbeit des

Körpers fordert Härte des Fleisches und der Glieder, und deshalb bewirken jene Entgegengesetztes im Menschen".

Thomas VIII, II at vero, Albert VIII c. IV e: Melodien des Olympus sind Albert Melodien bei den olympischen Spielen; sonst hat er hier nur ganz kurze Erklärungen der Textworte.

Thomas VIII, II sunt autem, Albert VIII cap. IV h: auch hier bietet Albert nur ganz kurze Umschreibung des Textes.

Thomas VIII, II in melodiis, Albert VIII c. IV l. Albert überträgt die antiken Melodien nicht in die Tonarten seiner Zeit. „Phrygisch sind die, welche den Untergang Trojas singen, einer Stadt in Phrygien, die wegen der Größe der Tat hinreißen (rapiunt) die Seelen zur Bewunderung." Am Schluß von 1 bemerkt er: „im Politischen sind Gründe nicht wirksam, wenn sie nicht durch Taten (operibus) bestätigt werden (firmentur)."

Thomas VIII, II eodem modo, Albert VIII c. IV m. Albert erklärt: „Rhythmus (besteht) aus der Zahl der Silben und der Färbungen (colorum), die bei dem Zusammenklang der Rhythmen beobachtet werden".

Thomas VIII, II adhuc autem, Albert VIII, V b: Albert schreibt: „Und er nennt Reinigung die Erregung der Lebensgeister und der Mutigkeit zur Tapferkeit, weil das reinigt, wie Aristoteles selbst im 3. Buch der Ethik im Kapitel von der Tapferkeit sagt nach dem Homer: die Tapferen bliesen den Geist durch die Nasen und es kochte das Blut."

Thomas VIII, II apponamus autem, Albert VIII, V, c. Thomas erklärt die Instrumente für unbekannt.

Albert kennt sie. Pectides sind Tafeln (Hölzer?), mit denen jene Schauspieler sie aneinander und an die Ellenbogen schlagend spielen. Barbite sind imagines barbatae, die aus ihrem Munde eine fistula hervorgehen lassen und nach hinten einen Blasebalg angebunden haben, der zusammengedrückt Wind (flatum) in die fistula aussendet, so daß der mit dem Bart zu flöten scheint, — Septigona, d. h. Instrumente von 7 Ecken; Trigona sind Thympane, die mit einem Holz oder der Hand zum Ertönen geschlagen werden, Jamben sind ein Instrument, mit dem jambische Metren gesungen wurden, gehört zur Gattung Thympanum und erregt Schrecken".

Thomas VIII, III quoniam autem; quae enim; Albert VIII, cap. VI, d und f. Albert erklärt: „Hinreißend (raptivam) zur Änderung der Seele je nach den verschiedenen Affekten; es entstehe eine gewisse Reinigung, vom Affekt nämlich".

F erklärt Albert so: „auf dorische Weise, musikalischer Gesang bei Geburt eines Menschen". Die Bemerkung des Thomas VIII, III quoniam autem hat er nicht.

Thomas VIII, III manifestat autem, Albert VIII, c. V, h. Die Erklärung von fistula = tuba gibt Albert nicht. Dagegen erklärt er: „auf phrygische Weise, weil in dieser der verlockende Raub der Helena (gesungen wurde), die, als sie dem Tod übergeben werden sollte, dem Sieger als Gatten übergeben und den Freuden des Ehebetts gesellt wurde".

Nicht anders ist es, wenn man die vier ersten Bücher bei Thomas und Albert vergleicht. Zur Probe wenige Stellen; Thomas I, I inter barbaros, Albert I c. I, i.

Albert schreibt: „Diejenigen, welche keine Gesetze gebrauchen und keinen Verkehr haben gemäß den Gesetzen der Gerechtigkeit, sind es, die Barbaren genannt werden". Zitiert wird Strabus (Strabo?).

Thomas I, I quod autem, Albert I, cap. I, u: Albert hat: „Die tierischen Laute bezeichnen das ihm Ergötzliche oder Traurigmachende, aber die Tiere bezeichnen einander nicht ihre Vorstellungen (conceptus). Die menschliche Sprache bezeichnet das Nützliche und Schädliche". Er zitiert noch Avicenna, daß nicht nur Kenntnis und Vorstellung des Guten und Bösen, Gerechten und Ungerechten, sondern auch des Schamhaften (verecundi) und Unschamhaften, Schändlichen und Anständigen nicht allein den Menschen eigentümlich sei".

Über de coelo et mundo ist die alte Angabe nach Echard (S. 283, 2, 6 u.), daß Thomas bis libor III lectio VIII Ende selbst der Verfasser sei, über de generatione et corruptione (284, 1, 18 ibid.), daß er das erste Buch selbst kommentiert habe. Daß gerade Bartholomäus von Capua hierüber, wie bei der Politik genauer unterrichtet war, erklärt sich daraus, daß er über Ende und letzte Arbeiten des Thomas am meisten erfuhr. Wir vergleichen auch diese Schriften nach ihrem Thomasteil und nach dem des Petrus, ob das Verhältnis beider ähnlich ist wie bei der Politik.

Im Proömium de coelo et mundo wird der Inhalt von Buch 1, 2, 3, 4 kurz angegeben. Zitiert werden Alexander, Jamblichus, Syrianus, Simplicius, Platos Timäus. Auf das Buch de generatione et corruptione wird hingewiesen. — „Bei den Lateinern pflegt man sich so auszudrücken, in diesem Buch (de coelo et mundo) werde gehandelt von dem, nach Lage oder Ort beweg= baren Körper, welche Bewegung allen Teilen des Alls gemeinsam sei".

Lib. I 1. XXIX Anfang: „Es könnte jemand sagen, er habe Plato hier nicht so verstanden, wie die Worte desselben lauten, gegen welche Aristoteles hier streitet. Jedoch macht es, was die Erörterung dieses Buches betrifft, nichts aus, ob Plato es so oder anders gemeint hat, wenn nur sichtbar wird, wie diese Annahme durch die Gründe des Aristoteles als unrichtig erwiesen wird (im- probetur).

I, XXIX, adhuc quid: „Aber es scheint, daß dieser Grund nicht zwingend ist. Jedoch ist zu sagen:

Ibid. manifestum autem: „Welches aber auch immer die Meinung Platos gewesen ist, so macht das zum Vor- liegenden nichts aus, weil Aristoteles Einwürfe gegen seine Worte macht".

I, XXIX Ende: „Es ist aber zu erwägen, daß die vorher genannten Gründe des Aristoteles gegen die Annahme gehen, die Welt sei gemacht durch den Ent= stehungs= und auch Vergehungsvorgang, sei es an sich oder infolge des Willens Gottes. Wir aber nehmen nach dem katholischen Glauben an, daß sie angefangen hat zu sein, nicht zwar durch Entstehen gleichsam von Natur, sondern ausfließend vom ersten Prinzip, dessen Vermögen nicht daran gebunden war, ihr das Sein in der unendlichen Zeit zu geben, sondern je nachdem er wollte, nachdem sie vorher nicht gewesen war, damit offenbar wird seine hervorragende Kraft (virtus) über alles Seiende, weil alles Seiende nur abhängt von ihm, und seine Kraft ist nicht gebunden oder bestimmt zur Hervorbringung eines so beschaffenen Seienden. Dasjenige aber, was von ihm so hervorgebracht ist, daß es für immer ist, hat Vermögen und Kraft zum Immersein und in keiner Weise dazu irgendeinmal nicht zu sein; als sie nämlich nicht waren, hatten sie ein solches Vermögen nicht; da sie aber jetzt sind, haben sie nicht ein Vermögen rücksichtlich des Nichtseins, das vorher war, sondern rücksichtlich des Seins, was jetzt ist oder sein wird, weil Vermögen sich nicht bezieht auf Vergangenes, sondern auf Gegenwärtiges oder Künftiges, wie der Philosoph sagt. So erhellt also, daß die vorher angegebenen Gründe in keiner Weise derlei Gedanken des katholischen Glaubens anfechten".

I, XXIX sit enim: „Es scheint aber, daß dieser Grund nicht wirksam ist. — Jedoch wird dieser Einwand ausgeschlossen durch das, was er sagt...."

Ibid.: „Aus dem, was er hier sagt, erhellt, daß Aristoteles die vorgenannten Gründe aufgeführt hat, die Ewigkeit der Welt zu beweisen, nicht jedoch, daß sie notwendig zeigen, die Welt habe nicht angefangen, sondern daß sie gleichsam zeigen, daß sie nicht auf die Weise angefangen hat, wie ihr Anfang von anderen behauptet wurde".

II, I propter quod: „Daher haben sie von thein, was heißt immer laufen [wie der Himmel] im Griechischen theon, d. h. Gott genannt". Steht im Text nicht.

II, I Ende: „Aber vielleicht hat Plato diese Bewegung (des Himmels) nicht gegen die Natur des

Himmels gedacht (wie Aristoteles tadelt), sondern wollte ausdrücken, daß die Natur, der zufolge ihm eine solche Bewegung zukommt, ihm von einem anderen ist".

II, VI sumet autem: „Es scheint aber, daß dieser Beweis keine Notwendigkeit hat. — Alexanders Antwort wird nicht gebilligt. Und deshalb ist zu sagen, wie Simplicius sagt ..."

Ibid. sed et quod wird zweimal Euclid 3. Buch angeführt.

II, X calor autem ist Thomas gegen Simplicius Erklärung und für Alexander.

II, X ex hac: „Es ist aber hier zuerst zweifelhaft ... Antwort Alexanders ... Aber besser ist, daß wir sagen ... doch noch ist zweifelhaft ... Antwort des Averroes im Kommentar ... scheint nicht wahr ... Und deshalb ist zu sagen ...

Ibid. Und deshalb sagt Simplicius, vom Körper der Sonne gingen Strahlen aus, von denen er sagt, sie seien körperlich, und daß sie durch die Himmelskörper, welche unterhalb der Sonne sind, die immateriell sind, ohne Hinderung durchdringen können, daß sie durch die Luft aber durchdringen wegen der Poren der Luft, aber von den festen Körpern, nämlich Erde und Wasser, in gleichen Winkeln reflektiert werden, weil, wie die Optik (Perspectivi) beweist, jede Reflexion unter gleichen Winkeln geschieht. — Aber nach Aristoteles de anima II ist der Strahl (Licht) weder ein Körper noch Ausfluß eines Körpers. Wenn Simplicius sie aber körperlich nennt, weil sie nach der Art der Körper sich verhalten, weil sie direkt projiziert und reflektiert werden von einem dichten

Körper, weil Strahlen nicht durchbringen können, so
sagt er insofern Wahres, denn solche Reflexionen kommen
infolge des Widerstandes der Körper nicht bloß Körpern
zu, sondern auch Qualitäten, denn auch die Wärme wird
reflektiert, wenn sie ein Hindernis findet, und ähnliches
der Art".

Ibid.: „Wenn einer genau erwägt, so ist alles, was
gesagt wurde, einigermaßen wahr. Nach ihm ist die
Ursache der Wärme, die infolge der Himmelskörper hi-
nieden erzeugt wird, teils Bewegung, teils Licht". Genannt wird Averroes, Avicenna, Alexander. Der Abschnitt
über die Wärme geht mehrere Spalten weit und könnte
sehr wohl als Digression überschrieben werden.

II, XII Anfang: „Es ist betreffs dessen, was hier
gesagt wird, zu erwägen, daß der Philosoph hier sagt,
daß unser Sehen zittert, wenn es sich sehr ferne aus-
streckt im Blick auf die Fixsterne, nicht weil das Sehen
durch Aussendung (eines Strahles vom Auge) geschieht,
was er im Buch de Sensu et Sensato mißbilligt,
sondern weil bei derartigem es einerlei ist, ob das Sehen
durch Aussendung geschieht oder durch Aufnehmung
ins Innere; denn es strengt sich an (conatur) das
Sehen zum Sehen einer Sache aus der Ferne, nicht
nur wenn es einen Sehstrahl bis zum entfernten Körper
aussenden muß, sondern auch wenn es ein Bild (species)
aufnehmen muß, das von dem entfernten Körper her-
kommt, weil der Eindruck des entfernten Körpers schwächer
ist, und es deshalb schwerer ist, ihn zu empfinden. Er
bedient sich aber der Ausdrucksweise, als ob das Sehen
geschehe durch Aussendung, weil die Mathematiker bei

ihren Beweisen sich so ausdrücken und die Mehrzahl der Menschen so spricht. Namen sind aber zu gebrauchen nach der Mehrzahl, wie er selbst im 2. Buch der Topik sagt:

II, XII m. anfangend mit item considerandum est folgen längere Auseinandersetzungen mit Alexander, mit Simplicius über die circumgyratio, die Aristoteles den Sternen nicht sich bemüht hat beizulegen, weil sie nicht sinnlich empfindbar an den Sternen erscheint, er hat sie aber damit nicht mißbilligen wollen.

II, XIII Anfang: „Es kann aber hier ein Zweifel sein, warum Aristoteles gewisse Fragen über die Körper der Sphären nicht untersucht hat. — Es ist jedoch zu sagen, daß er tatsächlich davon gehandelt hat ... Genannt werden Simplicius, Themistius, Averroes, Apulejus, Avicenna."

II, XV Anfang: „Die Ordnung der Planeten ist mit größerer Sorgfalt (als die des Pythagoras) und vollkommener betrachtet durch Hipparch und Ptolomäus."

Ibid. f.: Einwendung gegen den Schein einer Gewaltsamkeit der Bewegungen der Himmelskörper bei Aristoteles. Die Antwort Alexanders war nicht genügend. Berufung auf Ptolomäus.

II, XVII adhuc autem: „Aristoteles scheint eine andere Ordnung der Planeten anzugeben als die Astrologen (Astronomen) unserer Zeit. Denn unsere Astrologen sagen, der oberste der Planeten sei Saturn, nach welchem sie Jupiter gestellt haben, an dritter Stelle Mars, an vierter die Sonne, an fünfter Venus, an sechster Merkur, an siebenter den Mond. Die Astrologen aber zur Zeit des Plato und Aristoteles änderten diese Reihe, was die Sonne angeht, indem sie sie unmittelbar über den Mond setzten unter Venus und Merkur, und dieser Stellung folgt hier Aristoteles. Ptolomäus aber hat nachher diese Ordnung verbessert, indem er zeigte, wahrer sei, was Anaxagoras aufführt, dem auch die modernen Astrologen folgen.

Ibid.: Ueber die Erklärungen der scheinbaren Unregelmäßigkeiten im Planetenlauf durch Eudoxus und die späteren Astronomen schreibt Thomas: „Es ist nicht notwendig, daß die Annahmen (suppositiones), die sie hierzu erfanden, wahr seien. Obgleich sie nämlich mit solchen Annahmen augenscheinlich die Schwierigkeiten lösen, so muß man darum doch nicht behaupten, die Annahmen seien wahr, weil vielleicht in irgend einer anderen von Menschen noch nicht erfaßten Weise die Wahrnehmung (apparentia) betreffs der Sterne erhalten bleibt (salvatur). Aristoteles jedoch gebraucht die Annahmen, als wären sie für die Qualität der Bewegungen wahr.“

II, XVII hoc quidem: „Die festen Dinge werden dem Saturn als Ursache beigelegt. Und daher ist es auch, daß nach Ptolomäus im viergeteilten (Werk), das, was dem Saturn zugehört, den universellen Örtlichkeiten der Erde beigelegt wird, das aber, was dem Jupiter, den Örtern der Zeiten, das aber, was dann der Sonne, dem Mars, der Venus und dem Merkur, den Örtern der Monate, der Vorübergang des Mondes aber den täglichen Örtern; auch die Konjunktionen der oberen Planeten werden angepaßt den mehr universalen und bleibenden Wirkungen nach den Astrologen." — Zitiert wird Simplicius. — „Nach den Voraussetzungen der modernen Astronomen aber scheint die Zahl der Himmelskörper ziemlich angemessen angeordnet (dispositus), wiewohl nicht nach dem Gesichtspunkt (rationem), den Aristoteles hier angibt."

Ibid. Ende: Widerlegung der Meinung Alexanders, die Erde sei belebt. „Kein einfacher Körper. ist belebt (nach Aristoteles). Daher auch das mehr Erdige in den Tieren, wie die Knochen, ohne Empfindung ist. Daß die Erde ohne Empfindung ist, ist daraus offenbar, daß sie täglich gespalten und zerrieben wird; da die Natur des Ganzen und eines Teils dieselbe ist, so müßte jeder Teil desselben, wenn er abgetrennt ist (divisa), beseelt und denkend (intelligens) sein und so auch alle gemischten Körper, was lächerlich ist".

II, XXII quidam autem: „Behandlung des illomenun im Timäus, je nachdem es mit i (angebunden) oder mit Diphthong geschrieben werde (verhindert). Er ist für i nach dem Phädon, und so scheint Aristoteles gegen die Ansicht des Plato seine Worte genommen zu haben." Darüber Alexanders Ansicht; gegen diesen ist Simplicius. „Und deshalb kann man sagen: weil es möglich war, daß einige die Worte Platos falsch verstanden, so entfernt Aristoteles die falsche Auffassung, die man aus diesen Worten entnehmen könnte, wie er häufig bei den Worten Platos zu tun pflegt. Und man kann sagen, daß, was bewegt werden genannt wird, von einem Anderen zugesetzt ist. Im Griechischen heißt es Illecto, wofür hier steht translatum moveri. Das Griechische kann aber beides bedeuten. Wir können aber auch kürzer sagen, daß ein gewisser Heraklides Ponticus annahm, die Erde in der Mitte bewege sich und der Himmel ruhe, dessen Meinung hier Aristoteles aufstellt."

II, XXVI testificantur autem: „Was den Sinnen erscheint bezüglich der Ortsveränderung und Gestaltung, die bestimmt wird gemäß Lage und Ordnung der Gestirne, kann auf diese Weise festgehalten werden (salvari), wenn nämlich die Erde in der Mitte ruhend ist und anders nicht. Denn wie Ptolomäus sagt, wenn die Erde nicht in der Mitte wäre, so müßte sie auf die eine oder die andere von drei Arten gestellt sein (dispositam) usw. Keine von diesen drei Arten ist annehmbar, also . . . Auf welche Art auch immer die Erde nicht in der Mitte wäre, würde alle Ordnung der Welt verwirrt, die beim Wachsen und Abnehmen der Tage beobachtet wird (consideratur); ähnlicherweise würden auch die Regeln der Verfinsterungen ungültig (improbarentur). — Und es würde auch folgen, mit welcher Bewegung sie sich auch bewegte, daß infolge der Schnelligkeit ihrer Bewegung vor uns verborgen würden alle anderen Bewegungen, sei es der Welten oder der Tiere, denn es scheint nicht, daß ein langsameres sich bewegt neben einem schneller bewegten Körper."

Liber II alteri autem: Der Text hat: „besonders aber Hesiod und seine Leute." Dazu Thomas: „er war einer von den Theologendichtern, die Göttliches unter der Verhüllung von Fabeln überliefert haben. Daher soll Hesiod auch angenommen haben, das Chaos, aus

welchem alles entsteht, sei entstanden. Alles Entstandene
aber entsteht aus einem Erzeugenden, daher gaben sie
zu verstehen, über allem diesem sei eine erste Ursache,
nämlich ein Geist und eine Gottheit, aus welcher alles
hervorging. Und einen derartigen Hervorgang aus einem
Prinzip nannten sie Erzeugung."

Lib. III, 1. II hi quidem: „Es sagt aber Simplicius
im zweiten Kommentar, Aristoteles table nach seiner
Gewohnheit den Parmenides und Melissus nach dem-
jenigen, was mehr äußerlich (exterius) aus ihren Worten
sichtbar war, damit nicht welche, sie oberflächlich ver-
stehend, getäuscht würden; in der Wahrheit aber war
die Meinung dieser Philosophen, daß das Seiende selbst,
nämlich das, welches durch seine Essenz ist, unerzeugt
und unvergänglich und durchaus unbewegbar sei. Daß
sie aber sagten, Entstehung sei in den Dingen bloß der
Meinung nach und nicht in Wahrheit, das sagten sie,
weil sie meinten, daß das Sinnliche, worin Entstehen
und Vergehen gefunden wird, nicht die wahren Seienden wären, sondern bloß der Meinung nach."

III, III sed et punctum: „Denn wie im 4. Buch
wird gesagt werden."

III, III: „Betreffs der ersten sagt er, daß über
andere der vorgenannten Meinungen anderswo die Rede
sein muß, teils im ersten Buch der Physik, teils aber im
Buch vom Entstehen und Vergehen, teils aber weiter
unten in eben diesem Buch (de coelo)."

III, V, quoniam enim: „Aber hiergegen scheint
zu sein, daß im Anfang des Buches gesagt ist . . .

Worauf man sagen kann, daß der Philosoph dort von den einfachen Bewegungen spricht."

III, VI adhuc autem: „Es ist aber zu beachten, daß die Gründe des Aristoteles direkt gegen die Annahme Platos gehen, wenn aus seinen Worten verstanden wird, daß Unordnung der Bewegung der Elemente der Zeit nach früher als die Welt war. Die Anhänger Platos aber sagen, er habe das nicht so verstanden ... Und hiernach macht Aristoteles den Einwurf nicht gegen den Sinn Platos, sondern gegen die Worte der Platoniker, damit niemand von ihnen in Irrtum geführt würde."

III, VII ad ambo: „Denn wie oben' gesagt worden ist und unten im 4. Buch ausführlicher wird gesagt werden."

III, VIII aliud quidem: „Nichts hindert aber, daß ein Einzelwesen, welches nur eins in einer Art ist, entsteht und vergeht, wie man es von dem Phönix sagt; daher würde auch hierdurch die Entstehung alles Körpers nicht ausgeschlossen, die der Philosoph zu entfernen beabsichtigt. Es ist auch der Beweis des Philosophen nicht gegen die Ansicht unseres Glaubens, durch den wir annehmen, daß die ganze einheitliche Körperwelt (totam uniformitatem corporum) neu angefangen habe, weil wir nicht annehmen, daß der Ort vorher existiert hat, was hier der Philosoph voraussetzt, und auch nicht die Entstehung der Körper aus der Potenz annehmen, sondern durch Schöpfung."

Ibid. VIII: „Es könnte aber jemand sagen, aller Körper Entstehung könne auf viele andere Arten statt

haben, und deshalb führt der Philosoph diesen allge=
meinen Beweis an und sagt ..."

III, VIII aliud quidem: „Es ist aber zu be=
achten, daß Aristoteles hier zu beweisen beabsichtigt, es
gebe nicht Erzeugung jedes (omnis) Körpers, so nämlich,
daß die ganze Gesamtheit der Körper zugleich erzeugt
wird, er beabsichtigt aber nicht zu beweisen, daß irgend
ein besonderer Körper nicht aus einem Nicht=Körper er=
zeugt wird, denn dann würde gegen Aristoteles Beweis
statthaben die Einwendung, welche Simplicius in seinem
Kommentar aufstellt ..."

Lib. III lectio VIII mit den Worten: „Deinde
cum dicit; utrum autem" fängt Petrus de Alvernia's
Fertigstellung des Kommentars an. Warum sollte er
nicht, wenn es sein eigenes Werk war, begonnen haben:
„ich nehme hier die Arbeit des Thomas von Aquino
auf", und warum sollte er nicht bei Zitaten der früheren
Bücher sagen: „wie Thomas das oben erklärt hat".
Sind auch hier die Handschriften besonders voll von
diversitas lectionum? Wenn das bei der Politik der
Fall ist, so wird es eben von dieser mehrfache Nach=
schriften von Thomas Vorlesungen darüber gegeben haben.

Wir geben Proben von der Erklärungsweise des
Petrus.

III, IX quicumque autem: „Und wenn man argu=
mentieren wollte, daß dieselbe Art Argument der Philo=
soph im 2. Buch gegenwärtiger Schrift gebraucht, so ist
darauf zu sagen ..."

III, XI siquidem igitur: „Es ist zu beachten,
daß dieser Grund gegen den Anschein der Worte Platos

geht, vielleicht nicht gegen seinen Sinn … Aber damit nicht jemand glaube, daß Plato denke (intenderet), wie die Worte lauten, so argumentiert Aristoteles mehr gegen die Worte als gegen die Meinung."

III, XII Anfang: „Was erhellt aus dem dreizehnten des 1. Buches Euclids."

Ibid. XII, wird zweimal Averroes angeführt.

Lib. IV, Sect. I inconveniens autem: der antipes des Textes wird erklärt durch anti = contra und pes, gleichsam Füße habend, Gegenfüße.

IV, II deferri quidem: „Petrus gibt Beispiele, die im Text fehlen, wie aus weiß schwarz (werden), oder aus klein groß, oder aus oben unten, nicht aus weiß literarisch gebildet oder aus unten leicht. Bewegt wer= den, heißt, sich jetzt anders verhalten als vorher."

IV, quoniam autem: „Es wird aber jemand zweifeln, ob bewegt werden zur Art … Hierbei ist zu bemerken …"

Ibid. movet autem: „Es wird aber jemand be= zweifeln … Wobei zu verstehen ist …"

IV, deinde adsimiles: „Worüber gesprochen ist im 2. Buch gegenwärtiger Schrift im Abschnitt von dem Ruhen der Erde."

IV, quemadmodum autem: „Fürs Entgegen= gesetzte aber ist Ptolomäus im Buch von den Gewichten usw. Für das Gegenteil ist ähnlicherweise Themistius usw. Aber es ist zu bedenken …"

IV, Schluß: „betreffend die Accidentien an ihnen, die primär gefunden werden an den primären Körpern, deren erster Schöpfer Gott ist, gesegnet in Ewigkeit, Amen."

Wir fügen auch noch zur Vergleichung de generatione et corruptione bei, deren 1. Buch Thomas selbst noch kommentiert hat nach dem Logotheten, die Fertigstellung hat Petrus de Alvernia besorgt nach Tholomeus von Lucca."

Proömium mi: „Wie der Philosoph beweist im 1. Buch von den Teilen der Tiere."

I, I Anfang: „Und es schließt sich (dies Buch) unmittelbar an an das Ende des Buches vom Himmel."

I, I antiquorum igitur: „Und dies im 2. Buch (de generatione), welches anfängt . . ."

I, III Democritus autem: „Zuerst gibt er an (recitat) die Meinung Demokrits."

Ibid. quoniam autem: „z. B. (puta) Komödie, welches Unterhaltung (serno) ist von Bauernsachen, und Tragödie, welches Unterhaltung ist über kriegerische Dinge".

Ibid. hoc quidem: „Zuerst zeigt er, angemessener habe (was das betrifft, was in Naturwissenschaft betrachtet wird) Demokritus Aufstellungen gemacht als Plato".

Ibid.: „Wie im dritten Buch de Coelo gesagt ist".

Ibid.: „Wie teilweise gezeigt ist im Buch de Coelo et mundo".

I, III hoc quidem: Der Text bot: „deshalb sagen sie auch, Farbe sei nicht; denn durch Verwandlung (conversione) werde gefärbt". Dazu Thomas: „Denn es ist offenbar, daß einiges uns sinnlich erscheint, dessen sinnliche Erscheinung verursacht wird infolge irgend einer

Art Reflexion gemäß der Ordnung der Lage; wie die Gestalt, welche im Spiegel erscheint, und wie die Farben des Regenbogens und derlei. Solches also, meinte Demokrit, seien alles Formen und Qualitäten der Naturdinge".

I, IV Ende: nämlich im dritten Buch de Coelo.

I, V quoniam autem: „oder auch (nach) einer anderen Lesart, literam)".

ibid. quoniam autem: „Wie im dritten Buch de Coelo gesagt ist".

I, VI quapropter verum: „Es folgt aber das Nichtstimmende usw., aber Aristoteles wirft dies ein zum disputieren (disputative)".

I, VI simpliciter autem: „Dies ist gegen die Ansicht aller Philosophen (daß nämlich etwas ganz und gar aus Nichtseiendem erzeugt werde), die nämlich von der Erzeugung in der Natur gesprochen haben".

I, VII „Was aber von Notwendigkeit die Gründe des Aristoteles betreffs der Ewigkeit der Welt haben, haben wir klar gelegt im achten Buch der Physik.

I, VII „In den Reden über die Bewegung, d. h. im achten Buch der Physik".

Ibid.: „Nachher am Ende dieses Buches ist anzugeben".

Ibid. Ende: „Dies muß man sagen, unter der Voraussetzung der Ewigkeit der Welt und der Bewegung, was jedoch der katholische Glaube nicht voraussetzt"..

I, VIII quemadmodum etiam: „Dieses Beispiel entspricht aber nicht dem Sinne des Aristoteles, welcher beides (Pferd und Erde) für ein Seiendes hielt; und deshalb fügt er bei, daß es für das Vorliegende nichts ausmacht, solche oder andere Beispiele vorauszusetzen. Denn indem wir Beispiele beibringen, suchen wir eine Art und Weise aber nicht einen Gegenstand (subjectnm), uns nicht darum sorgend, ob es sich nämlich so verhält bei diesen Begriffen oder irgendwelchen anderen. Und deshalb gebraucht er auch in den Büchern der Logik Beispiele aus der Meinung anderer Philosophen, die nicht anzuführen sind, als wären sie von Aristoteles".

I, VIII quemadmodum enim wird Avicenna zitiert.

Ibid. alio autem: „Es kann aber an dem, was er sagt, gezweifelt werden, ... Aber es ist zu sagen ..."

I, X Anf.: „Und es ist zu beachten, usw. Aber es ist zu sagen ..."

I, X maxime autem: „Der Text bietet: entweder durch Getast oder alle Sinne". Dazu Thomas: „Nach dem Getast, welches gröber und materieller ist als alle Sinne (weshalb die gemeinen Leute — vulgares — hauptsächlich nach ihm sehen, daß etwas sinnlich ist, insoweit es leidensfähig ist)".

I, X quandoquidem: Avicebron in dem Buch Fons vitae ... Es ist also (dagegen) zu sagen".

I, XV suscipiendum: „Alexander nach Averroes in der Erklärung dieser Stelle".

Ibid.: „Und deshalb ist nach dem Sinn des Aristoteles zu sagen".

Ibid. oportet autem: „wie Alexander aufgestellt hat".

Ibid.: „Es ist aber nicht glaublich, daß Aristoteles in solcher Sache etwas ohne zwingenden Grund gesagt hätte, wie Averroes bei der Auslegung dieser Stelle sagt".

I, XVII Ende: „So bestimmt sich also die Kraft (virtus) nicht irgend eine charakterisierte (signatam) Materie, sondern erhält sich (salvatur) jetzt in dieser, jetzt in jener". Von der materia signata (certis dimensionibus) steht im Texte nichts.

I, XVIII sed tamen: „Wie der Ausleger über diese Stelle sagt".

Ibid.: „wie gesagt wird im zweiten Buch de Coelo".

„   „wie gesagt wird im vierten Buch de Coelo".

I, XXI sed ut Empedoclem: „wie der Erklärer sagt".

Ibid. Ende: „wie gesagt ist im dritten Buch de Coelo et Mundo".

I, XXII quamvis hoc: „wie gesagt wird im zweiten Buch de Coelo".

Ibid.: „zufolge dem, was der Erklärer ableitet".

I, XXIV quoniam autem: „Wie gesagt wird im zweiten Buch de Coelo".

Ibid.: „wie bewiesen ist im ersten Buch de Coelo et Mundo".

Ibid.: „Denn wie der Philosoph im ersten Buch der Meteore zeigt".

Ibid.: „Es haben auch andere Sterne eine spezielle Wirkung in einigen Elementen, — die Sphäre der Sonne im Feuer, die des Mondes im Wasser, wie der sinnlichen Wahrnehmung offenbar ist. Andere Sphären aber, wie der Planeten, sind von Natur geartet die Luft zu bewegen und deshalb bewegt sich die Luft in so verschiedenen Bewegungen. Aus der Sphäre des Saturn kommt die Gefrierkälte, die Hitze aus der Sphäre des

Mars, die Mäßigung in Wärme aus der Sphäre Jupiters, und die Mäßigung in Kälte aus der Sphäre des Merkur. Die Sphäre der Firsterne aber, welches die achte ist, in der viele Bilder und Stellungen (figurae) sind, bewegt die Erde, weshalb auch auf ihr viele Bilder in dem Erzeugten abgebildet werden".

Ibid.: „Meteore zweimal zitiert".

Ibid.: „Und weil dies offenbar der gewöhnlichen Meinung und den Worten des Aristoteles widerstreitet".

Ibid.: „Diese Aufstellung ist aber in vielen Hinsichten unwahrscheinlich . . ."

I, XXV quando autem: „Ebenso machen Einwürfe Avicenna und Algazel . . . Worauf zu sagen ist . . ."

I, XXV multum autem: „Wie es heißt im vierten Buch der Meteore".

Mit Buch II beginnt die Fertigstellung des Petrus Alvernas. Proben daraus sind".

II, I Anf.: „Es bleibt übrig in diesem zweiten Buch zu betrachten über die Körper, welche Elemente genannt werden, ehe wir in Büchern über Entstehen und Vergehen der speziellen Körper Betrachtungen anstellen, wie der Steine und Metalle und Pflanzen und Tiere; und dies deshalb, weil alle Substanzen, welche entstehen und vergehen, nicht ohne jene sinnlichen Körper sind, nämlich ohne die vier Elemente". Petrus hat darüber besonders geschrieben, aber hier ist es Texterklärung, daß „wir" ist auch bei Thomas ganz gewöhnlich; wir = Aristoteles und seine Schüler.

Ibid. quoniam igitur: „Es ist aber bei dem Ersten zu beachten".

II, II calidum enim: „Sie heißen so, d. h. so be=
deuten mit (consignificant) ihre Namen; und dies be=
sonders nach den Griechen, die vielleicht (forte) Namen
haben, welche verbale Tätigkeiten und Leiden mit aus=
drücken“.

Ibid. subtile autem: „Es scheint aber, daß dieser
Grund des Philosophen nicht kräftig ist. — Jedoch ist
zu sagen . . .“

Ibid. dicuntur autem: „Der Erklärer nennt . . .“

Ibid. Ende: „Aber es scheint dies nicht wahr zu
sein, weil im 1. Buch der Meteore es heißt . . .“ Vor=
her: „Von Saturn wird auch gesagt, er verursache Kälte
in der Luft“.

II, III Anfang: „Es sagt also zuerst der Philosoph,
da es vier Elemente gibt, d. h. vier Tastqualitäten und
nicht vier einfache Körper, wie einige erklären; denn noch
ist nicht ihre Zahl bewiesen worden“.

Ibid. quidam autem: „Nach einigen aber wird in
anderer Weise diese Lesart (litera) beigebracht, damit
gelesen werde nach der Meinung des Aristoteles“.

Ibid. Ende: „weil die Lesart nicht sagt“.

II, IV quoniam quidem: „Es wird aber an dem
gezweifelt, was der Philosoph hier sagt . . . Worauf
zu sagen ist . . .“ Dann kommt nochmals Einwand:
„Aber zur Evidenz hiervon ist zu erwägen . . .“

Ibid. Zur Erläuterung des Textes folgt: „Diese
Entstehung des Feuers ist von allen zugestanden, weil
der sinnlichen Wahrnehmung es sich zeigt, daß aus den
Hölzern, in welchen Feuchtigkeit der Luft ist, Flamme
entsteht, welche am meisten Feuer ist unter dem, was

für uns (ad nos) feuriger Natur ist. Flamme ist aber nichts anderes als entzündeter Rauch, Rauch aber besteht aus Erde und Luft, und die Feuchtigkeit der Luft aus= atmend und, mit sich ziehend erdige Teile, weshalb sie das schwarz macht, was sie berührt".

II, IV Ende: „Es wird an dem gezweifelt, was der Philosoph hier sagt... Worauf aber einige sagen... Aber dies kann nicht bestehen... Und deshalb ist zu sagen".

II, V tamen neque: „Der Erklärer leitet aber in anderer Weise diesen Grund ab".

II, VI terra fit: „Es ist zu beachten, daß diese Qualitäten nicht eigentümlich den Elementen sind, aber Aristoteles gebraucht sie des Beispiels wegen, denn der Philosoph hat wenig (parum) Sorge getragen betreffs Beispiele. Daher sagt der Erklärer im 2. Buch de anima betreffs des Beispiels wird nur beabsichtigt Ver= deutlichung, nicht Bestätigung (verificatio)".

II, VII si autem: „Es scheint aber, daß das, was der Philosoph sagt, falsch ist... Außerdem zweifelt man noch an etwas   Auf das erste ist also zu sagen...."

II, VIII omnia enim: nach dem Erklärer.

II, VIII testificari autem: „Daß aber die Pflanzen sich aus allem ernähren, scheint aus folgendem offenbar: denn sie ernähren sich aus Erde und Wasser und aus Ackerbau.

II, IX Anfang: „Denn leichter werden wir in be= sonderen Büchern die Ursachen der Prinzipien der Ent= stehungen einsehen, wenn wir die allgemeinen Ursachen der Entstehungen vernommen haben (acceperimus)“. Im Text steht: facilius enim sic singularia inspiciemus.

Ibid. sunt enim: „wie der Philosoph sagt im 1. Buch der Meteore und der Erklärer“.

II, X quoniam autem: „er sagt also zuerst, daß, weil vorausgesetzt ist und bestimmt oben im 1. Buch ...“

Ibid. ideoque et tempus: „Es ist aber periodus eine Abstimmung (modulatio) des Kreises, genannt von peri (andere: pari), was = circum, und odos = Abstimmung“. Vielleicht dachte Petrus (oder Thomas vor ihm) an ᾠδή.

II, X apparent autem: „Jedoch die erste Erklärung ist mehr wörtlich“.

Ibid. wird zweimal auf das erste Buch der Meteore verwiesen.

Ibid.: „In Wahrheit jedoch ist nicht bloß die Sonne Ursache der Entstehung (auf Erden), sondern auch die anderen Planeten“.

Ibid.: „Und deshalb, wenn die Periode des Fortschritts (profectus) des Menschen 35 oder 40 Jahre sind, wie von den Ärzten gesagt wird“.

Ibid. apparet autem: „Auf diese Weise wird auch kund, daß, wer die Kräfte der Zeichen und der in ihnen gelegenen Sternen wüßte, während ein Ding entsteht (nascitur), erkennen würde, wieviel kommt von dem Himmelseinfluß, und er könnte voraussagen (prognosticari) über das ganze Leben des entstandenen Dinges, ob dies gleich nicht Notwendigkeit setzte, wie (von Aristoteles) gesagt ist, weil es durch Nebenumstände gehindert werden könnte". Es ist das neuplatonischer Aristotelismus, und so nicht im Text.

II, XII necesse igitur: „Daß es kein Ende hat, ist oben bewiesen worden, sowohl seitens der Bewegung im 1. Buch, als von Seiten des Zweckes im zweiten".

Ibid.: Der Schluß des Werkes hat keine besondere Förmlichkeit.

So also kommentiert Petrus von Alvernia in der Person des Thomas. Daß er hier irgendwie gebunden war, ergibt sich zum Überfluß daraus, daß wir wissen, wie er für seine Person allein kommentiert hat. Thomas hat nach dem Logotheten zwei Bücher der Meteore selbst erklärt, nun finden sich nach Echard (S. 284 b) in einem Kodex des Navarrer Gymnasiums de coelo et mundo Kommentare des Petrus Alvernas zu den Büchern der Meteore, und zwar sind die zum 1. und 2. Buch durchaus verschieden von denen des Thomas, das 3. Buch ist dasselbe wie das der Ausgabe von Thomas Werken Rom 1570, das vierte aber ein anderes. Das 3. Buch dieser Ausgabe ist also von Petrus herübergenommen. An ihm sehen wir also, wie er von sich aus erklärte.

Zuerst geben wir ein paar Stellen aus Thomas, Meteorologie I Anfang: „Weil nun Aristoteles ein Buch vom Entstehen über die Verwandlungen der Elemente im allgemeinen sich erklärt hat (determinavit), war es zur Vervollständigung der Naturwissenschaft nötig, sich zu erklären über die Arten der Verwandlungen usw. Als Vorläufer des Buches werden zitiert die Physik, de coelo Buch I und II, desgleichen Buch III und IV, de generatione.

I, I reliqua autem: Meteorologie wird erklärt von Meteorc = überschreitend oder erhaben, und logos = Rede oder Grund.

I, I Ende: „nach der (von Aristoteles) in den vorhergehenden Büchern herbeigezogenen Art, nämlich nicht bloß vorzutragen (recitando) die Meinungen anderer, sondern auch nach den Ursachen zu forschen über Tiere usw."

I, IX: „und es ist offenbar aus dem bloßen Text (in litera)".

I, XVI Ende: „und es ist klar im Text".

II, XV Ende: „Es ist auch offenbar (patet), daß am Ufer der Sevana von denen, die von Ferne stehen, früher gesehen wird die Erhebung des Schlägels (percussorii) der Wäscherinnen, welche Tücher reinigen, als der Schall gehört wird. Ebenso Beil und Hammer beim Steinebrechen oder Holzhauen". Die Beispiele stehen nicht im Text. Statt Sevanae ist wohl Sequana zu schreiben. Und die Bemerkung ist dann Thomas in Paris zugekommen.

II, XVI sunt autem: „Denn wenn das Wasser geschlagen wird (percutitur) und irgendwie ein Teil desselben sich erhebt, so wird das Sehen (visus) gebrochen an irgend einem glänzenden Körper".

II, XVI sunt autem: „und alles ist klar im Text (in litera)".

Ausführlicher ist die Art des Petrus darzulegen in Buch III, wo er als solcher erklärt.

III, I hoc quidem: „Es sagt auch Seneca".

Ibid.: „Auch in unseren Zeiten hatte ein Ritter (miles), der vom Blitz getroffen wurde, einen hölzernen

Schild an seiner Schulter hängen und unter dem Schild eiserne Waffen. Der Blitz zerbrach und schmolz zum Teil das Eisen unter dem Schild, das Holz aber wurde in nichts verletzt gefunden".

Ibid.: „Wenn es aber sein sollte, daß der Blitz andere Wirkungen hat, die gemeinhin angegeben werden, z. B. daß sie mehr treffen Kirchtürme und heilige Orte als andere Orte, so ist zu sagen, daß es nicht abliegend ist (inconveniens), daß Dämonen ihre Kraft bei diesen wunderbaren Wirkungen der Natur gebrauchen, damit sie selbst Urheber von Wunderdingen scheinen, wie sie manchmal sich in die edelste Wirkung der Natur ein= mischen, nämlich in die menschliche Erzeugung und Fortpflanzung. Wir forschen aber hier nicht danach, was Gott zuläßt, sondern was die Natur tut, und können leicht sagen, daß der Blitz Glockentürme und Kirchen mehr berührt, weil sie höher sind und ihm schneller begegnen". — Seneca nochmals zitiert.

III, II quare et: „Daß aber der Blitz kein fester Körper ist oder ein Stein, ist offenbar usw." Im Text ist nur davon die Rede, daß er spiritus ist.

III, III: „Wie beschaffen aber die Refraktion ist und wie sie geschieht und an was, und welches die Ursache von dem ist, was bei der Refraktion selbst sich ereignet, zeigt im Verfolg (consequenter) der Philosoph, wiewohl unsere Texte gemeinhin das nicht haben". Es folgen neun Zeilen Erklärung, zu denen nichts Entsprechendes im Text steht.

III, III Ende: „Er geht dazu zurück, einige andere Accidentien bei dem Regenbogen aufzuzählen. Woraus erhellt, daß dieser Teil unmittelbar muß zusammenhängen mit jenem Teil, in welchem er andere Vorkommnisse des Regenbogens aufzählt, aber es ist dieser versetzt infolge irgend eines Zufalls".

III, IV Anfang: „Hierüber aber ist bewiesen worden im Buch de sensu et sensato, oder im Buch de sensu, d. h. in der gewöhnlichen Optik (perspectiva)".

Ibid.: „Es ist aber bei der ersten Annahme (suppositionem) zu verstehen, daß das Sehen nicht geschieht durch Hinaussendung, sondern durch Hineinnahme, d. h. die Sehstrahlen, durch welche die Dinge von außen gesehen werden, gehen nicht vom Auge zum Gegenstand, sondern vom Gegenstand zum Auge. Und deshalb werden die Sehlinien gebrochen vom Spiegel am Gesehenen (visum), nicht aber an der Sonne oder einem anderen Gegenstand, weil sie nicht an dem gebrochen werden, von dem sie ausgehen. Aristoteles spricht aber hier nach der gemeinen Meinung der Optiker seiner Zeit, weil diese eine dem Gesagten entgegengesetzte Meinung hatten. Und es macht für das Vorliegende nichts aus, was auch immer von den beiden behauptet wird, weil in derselben Weise alles sich ereignet bei Hof (halo) und Regenbogen, welche von jenen Annahmen man auch macht".

III, IV Ende wird zweimal Euclids erstes und einmal das 3. Buch zitiert.

III, IV Ende: „Es ist aber zu erwägen, daß ein Hof (halo) auch eintritt bei Laternen im Winter, wohl auch am Auge zu gewissen Zeiten, besonders beim Aufstehen vom Schlaf, drittens, nahe bei einem Licht, und alles wird erklärt. Warum es aber von Kreisgestalt erscheint, da doch die Flamme ovaler und oblonger Gestalt ist, gehört in die gewöhnliche Optik". Von alle dem steht im Text nichts.

III, V refractae quidem: „Es ist aber bei diesem ersten Zeichen zu denken, daß Aristoteles hier nach der Meinung der alten Mathematiker spricht, wie oben gesagt; aber nach der Wahrheit ist das die Ursache des Leidens, das bei Antiphon eintrat, daß bei (circa) der Pupille desselben eine unnatürliche grobe, das Gesicht (visum) alterierende Feuchtigkeit war, und er selbst infolge (propter) Krankheit über jene Feuchtigkeit und über das in ihm eingedrückte Bild (idolo) urteilte als über etwas Äußeres, weil er die Pupille als Spiegel und die Feuchtigkeit als Objekt gebrauchte, und er urteilte, es sei ein wandelnder Mensch wegen der Ähnlichkeit des Zustandes (passionis) in Farbe und Liniierung. So wie anderen, die an Krankheit der Augen leiden, ein Spinnengewebe vor den Augen scheint, einigen aber fliegende Mücken (muscae volantes) usw., während es doch in der Pupille verstreute Flüssigkeit ist". Der Name Antipho steht nicht im Text.

Ibid. propter quod: „vorausgesetzt nach den Alten, daß der Gesichtssinn (visus) es ist, welcher gebrochen wird, wie oben gesagt.

Ibid. Ende: „Die Knaben auch, gläserne Instrumente an ihren Mund setzend, senden solche runde Aufblasungen nach der Art von Schläuchen (vesica) aus, an denen die Farben des Regenbogens erscheinen. Dies erscheint auch im Wasser, wenn es geschlagen wird, und an der

Seife (sapo), wenn die Hände sie flüssig machen, und in vielen anderen Fällen, in welchem derartige runde Auf=blasungen sich erheben, in ihnen erscheinen die Farben des Regenbogens". Nichts davon steht im Text.

III, VI Anfang: „Die Ursache davon ist nach den Mathematikern, daß der Gesichtssinn nicht bis zu jenen reicht oder schwach daran reicht. In Wahrheit aber ist die Ursache, daß der sichtbare Gegenstand von Ferne weniger (den Gesichtssinn) erregt als aus der Nähe".

Ibid.: „an seidenen Tüchern oder solchen von anderer Art". Im Text steht „Wollene".

Ibid. nach duplex autem folgt ein Digressio de coloribus variis iridis, mehr als sieben Spalten Groß=quart, die sechs Punkte selbständig behandelt.

Ibid.: „wie die sinnliche Wahrnehmung lehrt und die Wissenschaft von den Brennspiegeln (de speculis comburentibus) voraussetzt".

Ibid.: „Über die Farbenreihe aber jenes Regenbogens (eines dritten) habe ich Erfahrung (experimentum = wiederholte Wahrnehmung) nicht gehabt".

III, VI haemispherio enim: „Diesen Schluß billigt er selber durch viele vorausgeschickte Annahmen und mathematische Propositionen; wollte ich diese klar her=leiten, so müßte ich weit vom physischen Thema ab=schweifen. Und daher sehe man sie nach im Text".

III, VIII Anfang: wiederum genügt die Annahme des Aristoteles über die Refraktion.

III, VIII Ende: „Er sagt aber „in der Regel" (fere) wegen gewisser Vorkomnisse, deren Ursache er nicht ausdrücklich gesagt hat, die jedoch aus dem Vor=

hergesagten angegeben werden können, als da sind ge=
wisse Feuer, die auf der Oberfläche der Erde dahin zu
fliegen (volitare) scheinen, und Steine und anderes, das
aus den Wolken fällt, z. B. wenn es Blutwasser regnet".
Die Beispiele sind von Petrus.

III, IX Ende: „Hieraus erhellt, daß das Gold nicht
bloß nach der Meinung der Menschen, sondern nach der
Natur der Dinge edler und reiner ist als die übrigen
Metalle. Was auch offenbar ist aus der Kraft, die es
hat, wunderbare und edlere Wirkungen hervorzubringen
als anderes". Im Text steht bloß: das Gold aber
allein wird nicht vom Feuer durchdrungen (ignitur),
(wie das Erz)". Für das Detail der fossilia et me-
tallica verweist er (nicht der Text) auf das Buch mit
dem Titel de metallicis (sein eigenes?) und auf
anderes, mit dem sich Theophrast beschäftigt hat nach
Alexander und dem Erklärer (Averroes): „Es ist aber
zu erwägen betreffs der materialen Prinzipien der
Metalle, daß sie in doppelter Verschiedenheit sind: einige
nämlich sind die materia remota solcher metallischer
Körper, wie der in steinigen Orten der Erde eingeschlossene
Dampf, wie oben (von Aristoteles) erklärt worden ist;
andere aber sind ihre materia propinqua und das
sind Schwefel und Quecksilber, wie die Alchimisten sagen,
so daß in den vorgenannten steinigen Orten der Erde
durch die mineralische Kraft zuerst erzeugt wird Schwefel
und Quecksilber; dann werden aus ihnen verschiedene
Metalle erzeugt je nach ihrer verschiedenen Mischung.
Deshalb machen auch die Alchimisten selbst durch die
wahre, aber doch schwere Kunst der Alchimie infolge der

verborgenen Wirksamkeiten der himmlischen Kraft, welche die mineralische genannt und die deshalb, weil sie verborgene sind, schwer von uns nachgeahmt werden können, durch die genannten Prinzipien oder das von ihnen Hergeleitete, — sie machen einmal wahrhafte Erzeugung von Metallen, einmal aus dem vorgenannten Schwefel und Quecksilber, ohne Erzeugung von Ausdünstung (exhalationis), einmal aber dadurch, daß sie ausschwitzen lassen die vorgenannte dunstartige Ausatmung aus einigen Körpern durch Anwendung proportionierter Wärme (caliditatis), welche ein natürliches Agens ist".

So also erklärte Petrus Alvernas, wenn er selbst schreibt, nicht gebunden durch irgendwelche Vorlagen. Von Thomas gibt es einen Aufsatz de occultis operibus naturae ad quendam militem (Ritter) opusculum XXX, Parmae 1865 tom. 16 pag. 355 (Ed. Rom. 1570 tom. XXXIV). Ich setze Stellen daraus her: „Das Wasser des Meeres in Flut und Ebbe (fluens et refluens) erhält solche Bewegung außer der Eigenschaft des Elementes von der Kraft des Mondes, nicht infolge einer ihm eingedrückten Form, sondern infolge der Bewegung des Mondes, durch welche nämlich das Wasser vom Mond bewegt wird. Auch die Wirkungen gewisser nigromantischer Bilder gehen von der Wirksamkeit der Dämonen aus, Wirkungen von Reliquien geschehen bloß durch göttliche Betätigung, die diese Körper zu solchen Wirkungen gebraucht. Aber die Wirksamkeiten, welche allen Körpern einer Art zukommen, daß z. B. der Magnet das Eisen anzieht oder der Rhabarber immer einen bestimmten Saft (humorem)

reinigt, die erfolgen aus einem inneren Prinzip, welches
dem, das diese Art (species) an sich hat, gemeinsam ist.
Die Prinzipien solcher Formen vergänglicher Körper
sind die Himmelskörper, die sich verschiedenartig ver=
haltend je nach Annäherung oder Entfernung (accessum
et recessum) Entstehen und Vergehen hier unten ver=
ursachen. Es gehen aber solche Formen hervor aus den
getrennten (immateriellen) Substanzen als ersten Prin=
zipien. — An die Formen der Elemente, welche am
materiellsten sind, schließen sich die tätigen und leidenden
Qualitäten, wie Warm, Kalt, Feucht, Trocken und
anderes Ähnliche, die zur Disposition der Materie ge=
hören. Die Formen der gemischten Körper aber, der
unbelebten nämlich, wie der Steine, Metalle, Mineralien,
haben außer den Kräften und Tätigkeiten, welche sie von
den Elementen empfangen (participant), aus denen sie
zusammengesetzt sind, noch einige andere edlere Kräfte
und Tätigkeiten, die sich an ihre spezifischen Formen an=
schließen, z. B. daß das Gold das Herz erfreut, der
Sapphyr das Blut zusammenzieht, und indem man so
immer aufsteigt, entstehen, je edler die spezifischen Formen
sind, desto ausgezeichnetere Kräfte und Tätigkeiten, die
aus ihnen hervorgehen. Die edelste Form ist die ver=
nünftige Seele, die alle körperliche Kraft und Tätigkeit
übersteigt. Diese geht so von einer immateriellen Ur=
sache hervor, nämlich von Gott, daß sie in keiner Weise
aus der Kraft der Himmelskörper verursacht wird."

Warum sind aber die unvollendeten philosophischen
Kommentare des Thomas von einem Angehörigen der
Pariser Universität fertig gestellt worden? Hierauf gibt

eine Andeutung die Mitteilung bei Echard S. 287, 1, 37: „Die Pariser Universität schrieb nach dem Tode des h. Thomas an unser Generalkapitel in Lyon, das zu Pfingsten des Jahres 1274 versammelt war: wir bitten, daß, wenn er einige Philosophie betreffende Schriften, die von ihm angefangen waren, und die er bei seinem Weggang (recessu) unvollendet ließ und von denen wir glauben möchten, daß er sie nach seiner Verpflanzung vollendet hat, wir bitten, daß Eure Güte sie uns schnell mitteilen lasse, und speziell über ein Buch des Simplicius, über die Bücher de Coelo et mundo und die Erklärung des Timäus von Plato, auch (ac) über Wasserleitungen und Errichtung von Ingenieurwerken (de ingeniis erigendis), von deren Sendung an uns er in einem speziellen Versprechen Erwähnung getan hatte. Ebenso wenn er zur Logik etwas verfaßt hat, wie er (vorhatte), als er von uns wegging." Hiernach wird man die unvollendeten philosophischen Schriften hingeschickt haben, und wie das Verlangen nach denselben von Petrus Alvernas mit ausging, so wird er sich in der Lage gesehen haben, aus seiner Bekanntschaft mit Thomas fertig zu machen, was jener unvollendet gelassen, aber vorher in Paris und auch sonst schon behandelt hatte. Wir haben also hier gar nichts Anderes vor uns, als was wir in der neueren Philosophie, etwa bei Hegel, bei Schleiermacher vielfach haben, daß ihre Werke aus Nachschriften von Vorlesungen sind herausgegeben worden, und modern würde der Titel z. B. vom Kommentar der Politik des Aristoteles lauten: „Thomas Aquinas' Kommentar zur Politik des Aristoteles, die vier ersten

Bücher noch von ihm selbst verfaßt, die vier letzten nach seinen mündlichen Vorträgen herausgegeben von seinem Schüler Petrus Alvernas."

Von anderen Schriften des Thomas ist dies ausdrücklich so berichtet. Nach Echard 284, 2, 36 auf Grund der ältesten Gewährsmänner hat die zwei letzten Bücher de anima Thomas selbst kommentiert, das erste hat Raynaldus de Piperno, sein Genosse, post eum legentem collegit, oder wie sich ein anderer alter Gewährsmann ausdrückt, recollegit, oder noch ein anderer: reportavit super I de anima. Die teilweise Psalmenerklärung beruht (ibid. 323, 1, 14 n) gleichfalls auf einer Nachschrift des Raynaldus de Piperno: post eum legentem recollegit oder reportare … ipso legente. Von der Erklärung des Matthäus heißt es (325, 1, 12): recollegit post eum legentem Fr. Petrus de Andria et quidam scholaris Parisiensis. 325, 2 berichtet Echard über das Johannesevangelium: Tholomeus sagt: „Ebenso die Postille über Johannes, von der er selbst über fünf Kapitel mit eigenem Griffel niederschrieb (notavit), alles andere wurde aus Nachschriften hergestellt (reportatum fuit), aber von ihm selbst verbessert (correctum). — In Pariser Handschriften hat Reginaldus de Priverno bezeugt, daß er diese aus dem Mund des Redenden aufgenommen habe auf Geheiß (mandatum) des Propstes des h. Adoman, Canonicus einer Pariser Kirche und (dann) 1289 erwählten Bischofs …, eines Mannes, der nach derartigen Erklärungen sehr begierig war." Echard vermutet daraus, diese Erklärung (über Johannes) sei von dem Aquinaten gelesen worden, als er zum zweiten Mal in Paris lehrte (regeret) in den Jahren 1269—71. Die Predigten unter Thomas Werken hat Petrus de Andria post eum praedicantem collegit (Echard 331, 39), ebenso derselbe die collectiones de decem praeceptis, Paternoster und Credo in Deum. Alles das wurde aber so sehr als Werk des Thomas betrachtet, daß sie von alten Gewährsmännern als Werke des Thomas angeführt wurden, und daß die Vita in den Actis SS., wahrscheinlich von Quilelmus de Thoco, genauere Unterscheidung über die Art der Abfassung der Werke, ob er sie selbst schrieb oder Schreibern diktierte, oder ob sie auf Nachschriften aus den Vorträgen beruhten, gar nicht gemacht hat. Es war damit nicht anders, wie ebendaselbst 661, 2, 1 von Thomas berichtet wird, er habe eine Ausarbeitung von Alberts Vorlesung über Aristoteles Ethik als Schüler gemacht. Wäre dieselbe erhalten und Alberts Kommentar zur Ethik nicht, so wäre dieselbe wesentlich als ein Werk Alberts anzusehen.

Bei Tholomeus l. XXIII c. XVII (p. 1171) wird unter den kleinen Schriften aufgeführt der tractatus de regimine principum qui sic incipit: „Cogitanti mihi quid afferrem", quem librum scripsit ad regem Cypri. Es wird hier nicht hinzugefügt, daß er unvollendet geblieben ist. Es steht aber fest (Echard 543 a—b), daß Thomas nur bis l. II c. 4 m. es selbst verfaßt hat. „Tholomeus aber hat aus Zetteln (schedis) des Thomas das Weitere bis Ende des 2. Buches hinzugefügt. Dann hat er auch die anderen zwei Bücher, die jetzt drittes und viertes heißen, aber in Wahrheit ein verschiedenes

(distinctum) Werk sind, aus seinem Eigenen zusammen=
gebracht (concinnavit). — So groß ist der Unterschied
zwischen den zwei ersten Büchern und den zwei letzten,
daß er einen verschiedenen Verfasser und ein ganz unter=
schiedenes Werk beweist (arguat) ... Daher steht aus
alledem fest, daß Tholomeus einerseits das 2. Buch de
regimine principum des h. Thomas fertiggestellt hat
(complevisse, s. über den Ausdruck o. S. 7), anderer=
seits das dritte und vierte hinzugefügt hat." Neuerdings
hat sich Lorenz, Deutschlands Geschichtsquellen im Mittel=
alter, 3. Auflage 1887 Bd. 2 S. 338 so ausgesprochen:
„Tholomeus von Lucca, der sein (Thomas) Schüler
war und gewiß nach seinen Vorträgen und Intentionen
arbeitete, hat die späteren Teile (von de regimine principum) vollendet, obwohl man sicher sein kann, daß nach
dem grunblegenden 1. Buch das Wesentlichste auch in
den folgenden Büchern den Dominikaner=Schülern des
Meisters noch bekannt geworden war. Mehr als die
Form wird man den letzteren nicht beimessen dürfen."

Nach Allem haben daher die Römischen Herausgeber
der Werke des Thomas 1570, welche Ausgabe als
accuratior galt, sachlich ganz richtig, wie es schon im
15. Jahrhundert geschehen war, die acht Bücher des
Kommentars zur Politik als Werk des Thomas gegeben.
Jourdain (Recherches etc. 2. Auflage) gab in dem=
selben Sinne S. 394 als Kommentar von Thomas an
z. B. die drei ersten Bücher de Coelo et Mundo, in
librum I de generatione et corruptione, in libros
duo priores Meteorum, in II posteriores libros de
anima, aber schlechtweg, in VIII libros Politicorum.

Jourdain, der Jüngere (Thomas d'Aquin 1858), sagt
mit Recht I, 90: „Nous n'avons aperçu aucune
différence ni pour la méthode, ni pour les opinions,
ni même pour le style entre le début et la fin du
Commentaire sur la Politique." Ich denke, woher
das kommt, ist durch meine obigen Darlegungen erklärt.
Jourdain fügt hinzu: il serait excessif de se priver
des secours que les quatre livres derniers peuvent
fournir pour l'intelligence de la doctrine de
St. Thomas.

Die Staatslehre der summa theologiae.

In derselben Zeit, von 1271 an, in welcher Thomas
nach Tholomeus von Lucca an dem Kommentar de Coelo,
de generatione et corruptione, zur Politik schrieb, hat
er auch ultimam partem, Summae (theologiae) ge=
schrieben, sed non complevit. Die Hauptteile der=
selben hatte Thomas demselben Tholomeus zufolge vorher
unter Clemens dem IV. verfaßt, nachdem er bereits unter
Urban IV. 1261—64 in Rom die ganze Philosophie
erklärend vorgetragen und besonders auch Ethik und
Metaphysik schriftlich verfaßt hatte. Die Rechts= und
Staatslehre der Summa wird deshalb den aristotelischen
Charakter zeigen, nur ergänzt, wie er es in den Kommen=
taren auch tut, durch die christliche Offenbarung in der
katholischen Fassung. — Zitiert wird die aristotelische
Politik Prima Secundae qu. 58 art. 2: „Daher sagt
der Philosoph im 1. Buch der Politik: die Vernunft ge=
bietet dem (sinnlichen) Begehren in der Weise einer

republikanischen Herrschaft (principatu politico), wo nämlich einer über Freie herrscht, die das Recht haben, in etwas zu widersprechen." Aber noch mehr Zitate werden uns in den weiter vorkommenden Stellen begegnen. Diese wähle ich so, daß sie Hauptpunkte der Staatslehre des Thomas spiegeln, ich sage spiegeln, denn eine streng systematische Ordnung im Sinne der aristotelischen Politik oder der Schrift de regimine principum ist durch die besonderen Gesichtspunkte der Summa theologiae ausgeschlossen.

Der Mensch ein Gesellschaftswesen. Secunda Secundae qu. CIX. art. 3: „Weil der Mensch ein Gesellschaftswesen ist, so ist ein Mensch dem anderen von Natur das schuldig, ohne welches die menschliche Gesellschaft nicht könnte aufrecht erhalten werden. Die Menschen könnten aber nicht miteinander zusammenleben, wenn sie nicht einander glaubten als sich einander die Wahrheit kund machenden. Und deshalb berührt (attendit) die Tugend der Wahrhaftigkeit einigermaßen den Begriff dessen, was man (einander) schuldig ist."

Menschliches Gesetz und ewiges Gesetz. Prima Secundae qu. 93, 3: „Das menschliche Gesetz erfüllt (habet) insoweit den Begriff des Gesetzes, insoweit es der rechten Vernunft gemäß ist; und hiernach ist es offenbar, daß es von der ewigen Vernunft sich herleitet. Inwieweit es aber von der Vernunft abweicht, sofern heißt es ein unbilliges Gesetz, und so erfüllt es nicht den Begriff des Gesetzes, sondern mehr einer Vergewaltigung (violentiae). Und doch soweit selbst im unbilligen Gesetz etwas von Ähnlichkeit mit dem Gesetz bewahrt wird, infolge der ordnungsmäßigen Macht (secundum ordinem potestatis) dessen, der das Gesetz gemacht hat, insoweit leitet es sich auch vom ewigen Gesetz her. Denn alle Macht ist von Gott dem Herrn, wie es Römer 13 heißt."

Prima Secundae qu. 98, 1: „Man muß aber wissen, daß ein anderer der Zweck menschlichen Gesetzes ist, und ein anderer der des göttlichen. Der Zweck des menschlichen Gesetzes nämlich ist die zeitliche Ruhe des Staates (civitatis); zu diesem Zweck gelangt das Gesetz dadurch, daß es die äußeren Handlungen hemmt (cohibendo), soweit sie sich auf jene Übel beziehen, welche den friedlichen Zustand des Staates stören können. Der Zweck des göttlichen Gesetzes ist, die Menschen zum Ziel der ewigen Seligkeit hinzuführen; dieser Zweck aber wird gehindert nicht allein durch äußere Betätigungen, sondern auch durch innere." — Qu. 99, 2: „Wie die Hauptabsicht des menschlichen Gesetzes ist, Freundschaft der Menschen untereinander zu machen, so ist die Absicht des göttlichen Gesetzes hauptsächlich, Freundschaft des Menschen zu Gott herzustellen." Qu. 96, a. 3: „Das Gesetz bezieht sich (ordinatur) auf das gemeinsam Gute, und deshalb gibt es keine Tugend, betreffs deren Handlungen das Gesetz nicht Vorschriften machen könnte. Dennoch schreibt das menschliche Gesetz nicht über alle Handlungen aller Tugenden vor, sondern bloß über jene, welche beziehbar sind auf das gemeinsame Gut, entweder unmittelbar, wie wenn Einiges direkt des gemeinsamen Gutes wegen geschieht, oder mittelbar, wie wenn Einiges angeordnet wird vom Gesetzgeber, das zur guten Zucht

(disciplinam) gehört, durch welche die Bürger heran=
gebildet werden, das gemeinſame Gut der Gerechtigkeit
und des Friedens zu bewahren." Qu. 93, 3: „Man
ſagt vom menſchlichen Geſetz, daß es Einiges erlaube.
nicht als ob es dasſelbe billige, ſondern weil es gleichſam
nicht fähig (potens) iſt, es zu dirigieren." Qu. XXI, 3:
„Der Menſch bezieht ſich (ordinatur) auf die ſtaatliche
Gemeinſchaft nicht nach ſeiner ganzen Perſon (secundum
se totum) und nach all dem Seinigen." Sec. Secdae
Qu. 123, 5: Auf die Bemerkung: „es ſcheint nicht, daß
für den zeitlichen Frieden des Staates jemand ſich der
Todesgefahr ausſetzen muß, da ſolcher Friede Gelegenheit
zu vielen Laxheiten (lasciviarum) iſt", antwortet Thomas:
„Der Friede des Staates iſt an ſich gut und wird nicht
dadurch ſchlimm, daß einige ſchlechten Gebrauch von ihm
machen, und es werden durch ihn viel ſchlimmere Übel
verhindert, nämlich Todſchläge und Heiligtumsfrevel, als
infolge von ihm veranlaßt werden (occasionentur),
welche Übel beſonders zu den Fleiſchesſünden (vitia
carnis) gehören."

Wann ein Geſetz gewiſſensverbindlich iſt?
Pr. Sec. qu. 96, 4: „Ob das menſchliche Geſetz dem
Menſchen Notwendigkeit von Gewiſſenswegen (in foro
conscientiae) auferlegt? Die von Menſchen aufgeſtellten
Geſetze ſind gerecht oder ungerecht. Sind ſie gerecht, ſo
haben ſie die Kraft, ein Gewiſſen zu verpflichten, von
dem ewigen Geſetz, von dem ſie ſich herleiten ... Sie
werden aber gerechte Geſetze genannt, ſowohl vom Zweck
her, wenn ſie nämlich auf das gemeinſame Gute (bonum)
bezogen werden, als auch wegen des Urhebers, wenn

nämlich das gegebene Gesetz die Machtbefugnis dessen, der es gibt, nicht überschreitet, als auch infolge der Form, wenn nämlich gemäß der Gleichheit des Verhältnisses (proportionis) den Untertanen die Lasten in Beziehung auf das gemeinsame Gut auferlegt werden. Denn da der einzelne (unus) Mensch ein Teil der Menge ist, so ist jeder Mensch das (hoc ipsum), was er ist und was er hat, der Menge schuldig (est multitudinis), wie auch jeder Teil das, was er ist (als Teil), des Ganzen ist, weshalb auch die Natur dem Teil (wohl) eine Schädigung zufügt, um das Ganze zu erhalten. Hiernach sind Gesetze, die solche Lasten nach Verhältnis auflegen, gerecht, verpflichten von Gewissenswegen und sind gesetzmäßige Gesetze.

Ungerecht aber sind Gesetze in doppelter Weise, in einer durch Gegensatz zum menschlichen Gut entgegen den vorher genannten, sowohl vonseiten des Zweckes, wenn ein Vorsteher den Untertanen belastende Gesetze auferlegt, die sich nicht auf den gemeinsamen Nutzen beziehen, sondern mehr auf seine persönliche Begierde oder seinen Ruhm, oder auch vonseiten des Urhebers, wie wenn einer ein Gesetz gibt über die ihm übertragene Macht hinaus, oder auch vonseiten der Form, etwa wenn in ungleicher Weise die Lasten auf die Menge verteilt werden, ob sie gleich auf das Gemeingut bezogen sind. Und dergleichen sind mehr Vergewaltigungen als Gesetze ... Daher verbinden solche Gesetze nicht von Gewissenswegen, außer etwa um Ärgernis (scandalum) oder Verwirrung (turbationem) zu vermeiden, um deswillen ja auch der Mensch von seinem Rechte weichen

soll (Matth. 5, 41) ... In anderer Weise können Ge=
setze ungerecht sein durch Gegensatz zum göttlichen Gut
wie Gesetze von Tyrannen, die Götzendienst mitführen,
oder zu irgend etwas anderem, was gegen das göttliche
Gesetz ist; und solche Gesetze darf man auf keine Weise
beobachten (Act. 4). — Nach Römer 13, 1 ist alle
(menschliche) Gewalt von Gott. Und deshalb widersteht,
wer der Gewalt, (in dem, was zur Ordnung der Gewalt
gehört) widersteht, er widersteht Gottes Ordnung und
wird hiernach schuldig im Gewissen. — Auf das, was
gegen das Gebot Gottes ist, erstreckt sich die Ordnung
der Gewalt nicht; daher ist in solchen Dingen dem
menschlichen Gesetz nicht zu gehorchen. — Auch auf ein
Gesetz, welches den Untertanen eine ungerechte Last
bringt, erstreckt sich die Ordnung der von Gott be=
willigten Gewalt nicht; daher ist auch in Solchem der
Mensch nicht verpflichtet, dem Gesetz zu gehorchen,
wenn er etwa ohne Anstoß oder größeren Schaden
widerstehen kann."

Ibid. qu. 92, 1: „Ein tyrannisches Gesetz, da es
nicht gemäß der Vernunft ist, ist nicht schlechtweg ein
Gesetz, sondern mehr eine Verkehrung des Gesetzes; es
hat nur insofern etwas von Ähnlichkeit mit dem Gesetz,
weil es Erlaß (dictamen) irgend eines Vorstehers an
die Untergebenen ist".

Änderbarkeit der Gesetze.

Ibid. qu. 97, 1: „Ob das menschliche Gesetz auf
irgend eine Weise verändert werden darf (debent)?

Das menschliche Gesetz ist ein Gebot (dictamen) der
Vernunft, durch welches die menschlichen Handlungen ge=

leitet werden, und demgemäß kann es eine doppelte
Ursache geben, daß das menschliche Gesetz gerecht geändert
werde, eine von Seiten der Vernunft, eine andere von
Seiten der Menschen, deren Handlungen durch das Gesetz
geregelt werden. Von Seiten der Vernunft, weil es der
menschlichen Vernunft natürlich zu sein scheint, daß sie
stufenweise vom Unvollkommenen zum Vollkommenen ge=
langt. Daher sehen wir in den theoretischen Wissen=
schaften, daß die, welche zuerst philosophiert haben, Einiges
unvollkommen überlieferten, was nachher durch die
Späteren mehr vollkommen überliefert ist. So auch in
dem Technischen (operabilibus); denn die ersten, welche
anstrebten, etwas der Gemeinschaft der Menschen Nützliches
zu erfinden, nicht imstande aus sich selbst zu erwägen,
machten einige unvollkommene Einrichtungen, die in
Vielem mangelhaft waren, was die Späteren änderten,
indem sie Einiges einrichteten, was in wenigeren Seiten
hinter dem Gemeinnutzen zurückbleibt (deficere a). Von
Seiten der Menschen aber, deren Handlungen durch das
Gesetz geregelt werden, kann das Gesetz geändert werden
infolge der Änderung der Verhältnisse (conditionum)
der Menschen, denen nach ihren verschiedenen Verhältnissen
Verschiedenes nützt (expediunt), wie Augustin das Bei=
spiel aufstellt im 1. Buch de lib. arb, daß, wenn ein
Volk sehr maßvoll sei und ernst und sorgfältigster
Wächter des gemeinsamen Nutzens, richtiger Weise (recte)
das Gesetz gegeben wird, wonach einem solchen Volk es
freistehe, sich die Obrigkeiten zu wählen, durch welche der
Staat verwaltet wird. Weiter, wenn allmählich dasselbe
Volk sich verschlechtert und käufliche Abstimmung hat

und das Regiment lasterhaften und verbrecherischen Menschen überläßt, so wird richtigerweise die Macht genommen, die Ehrenstellen zu geben, und es kehrt zurück zu einer willkürlichen Regierung Weniger (paucorum arbitrium).

Ibid. a. 2: „Ob das menschliche Gesetz immer zu ändern sei, wenn etwas Besseres aufstößt?"

Das menschliche Gesetz wird nur soweit richtig geändert, wie weit durch seine Änderung für den gemeinsamen Nutzen gesorgt wird. Es hat aber die Gesetzesänderung an sich selbst eine gewisse Schädigung des Gemeinwohls an sich, weil zur Beobachtung der Gesetze sehr viel die Gewohnheit kräftig ist; so sehr, daß das, was gegen die gemeine Gewohnheit getan wird, schwerer scheint, auch wenn es an sich leichter ist. Daher wird, wenn das Gesetz geändert wird, die bindende Gewalt des Gesetzes vermindert, insoweit die Gewohnheit aufgehoben wird. Und deshalb soll (debet) das menschliche Gesetz nur geändert werden, wenn von einer anderen Seite soviel dem gemeinsamen Heil rückvergolten wird, als ihm von jener Seite entzogen wird. Dies trifft ein entweder infolge davon, daß ein sehr großer und augenscheinlicher Nutzen sich aus dem neuen Statut ergibt, oder infolge der höchsten Not oder infolge davon, daß das gewohnte Gesetz entweder eine offenbare Unbilligkeit enthält oder seine Beobachtung überaus schädlich ist".

Ibid. a. 3: Ob Gewohnheit die Kraft eines Gesetzes erlangen kann?

Jedes Gesetz geht hervor aus der Vernunft und dem Willen des Gesetzgebers, und zwar das göttliche und natürliche Gesetz von dem vernünftigen Willen Gottes, das menschliche Gesetz aber von dem durch Vernunft geregelten Willen eines Menschen. Wie aber Vernunft und Wille des Menschen sich beim Handeln durch das Wort offenbart, so offenbaren sie sich auch durch Tun; denn das scheint jeder als ein Gut auszuwählen, was er durch Tun (opere) vollführt (implet). Es ist aber offenbar, daß durch das menschliche Wort das Gesetz sowohl geändert, als auch erklärt werden kann, insofern das Wort die innere Bewegung und Vorstellung der menschlichen Vernunft offenbart; daher kann auch das Gesetz durch stark (maxime) vervielfältigte Handlungen, welche die Gewohnheit ausmachen, geändert und erklärt werden, und auch etwas verursacht werden, was Gesetzes= kraft erlangt, soweit nämlich durch vervielfältigte äußere Handlungen die innere Bewegung des Willens und die Vorstellung der Vernunft auf das wirksamste erklärt wird. Denn wenn etwas oftmals geschieht, scheint es aus überlegtem Vernunfturteil hervorzugehen.

Hiernach hat die Gewohnheit sowohl Gesetzeskraft, als auch schafft sie ein Gesetz ab, als auch ist sie Aus= legung der Gesetze.

Gegenargument ist: Aus vielen Übeln kann nicht ein Gut hervorgehen. Aber der, welcher zuerst anfängt gegen ein Gesetz zu handeln, tut übel. Also wird durch ver= vielfältigte ähnliche Handlungen nicht irgend ein Gut bewirkt werden. Das Gesetz aber ist ein Gut, da es die Regel der menschlichen Handlungen ist. Also kann durch die Gewohnheit das Gesetz nicht entfernt werden, so daß die Gewohnheit selbst Gesetzeskraft erhält. Da=

gegen bemerkt Thomas: Die menschlichen Gesetze sind nach qu. 96, 6 in einigen Fällen defektiv. Daher ist es möglich, zuweilen außer (praeter) dem Gesetz zu handeln, nämlich in dem Fall, wo das Gesetz defektiv ist, und doch wird die Handlung nicht schlimm sein; und wenn solche Fälle sich vervielfältigen infolge irgend einer Änderung der Menschen, dann wird durch die Ge=wohnheit offenbar, daß das Gesetz ferner nicht nützlich ist; wie auch offenbar wird, wenn ein entgegengesetztes Gesetz durch das Wort veröffentlicht würde. Wenn aber der Grund noch derselbe bleibt, um dessenwillen das erste Gesetz nützlich war, so besiegt nicht die Gewohnheit das Gesetz, sondern das Gesetz die Gewohnheit, wenn nicht etwa darum allein das Gesetz unnütz scheint, weil es nicht möglich ist nach der Gewohnheit des Vater=landes, die eine von den Bedingungen des Gesetzes war. Denn es ist schwer, die Gewohnheit der Menge zu entfernen.

Die Menge, bei welcher die Gewohnheit eingeführt wird, kann von doppelter Bedingung sein. Wenn nämlich die Menge frei ist, die sich ein Gesetz machen kann, so gilt mehr die Zustimmung der ganzen Menge, um etwas zu beobachten, als die Autorität des Fürsten, der nicht die Macht hat ein Gesetz zu machen, außer sofern er die Menge vertritt (gerit personam); wenn daher einzelne Personen ein Gesetz nicht machen können, so kann doch das ganze Volk ein Gesetz machen. Wenn aber die Menge nicht die freie Wahl hat sich ein Gesetz zu machen oder ein von der höheren Macht aufgestelltes Gesetz zu entfernen, so wiegt doch die Gewohnheit selbst in einer solchen Menge vor und gewinnt Gesetzeskraft, sofern sie von denen geduldet wird (toleratur), denen es zukommt der Menge ein Gesetz aufzulegen. Denn gerade hierdurch scheinen sie zu billigen, was die Gewohnheit eingeführt hat".

Billigkeit. Sec. Secdae. Qu. CXX, 1: „Die Gesetzgeber achten auf das, was in den meisten Fällen eintrifft, indem sie hiernach das Gesetz geben; dasselbe zu beobachten, ist jedoch in einigen Fällen gegen die Billigkeit der Gerechtigkeit und gegen das Gemeinwohl, welche das Gesetz erstrebt (Beispiel vom deponierten Schwert, welches ein Rasender zurückfordert). In diesen und ähnlichen Fällen ist es also ein Übel, das gegebene Gesetz zu befolgen; gut aber, mit Übergehung der Worte des Gesetzes das zu befolgen, was der Begriff der Gerechtigkeit und der gemeinsame Nutzen fordert. Und hierauf bezieht sich (ordinatur) die epicheja ($\epsilon\pi\iota\epsilon\iota\kappa\epsilon\iota\alpha$), welche bei uns Billigkeit heißt.

Dispensation vom Gesetz. Prima Secdae Qu. C. a. 8. Die Absicht eines jeden Gesetzgebers bezieht sich primär und hauptsächlich auf das Gemeinwohl; zu zweit aber auf die Ordnung der Gerechtigkeit und Tugend, gemäß welcher das Gemeinwohl erhalten wird und man zu ihm gelangt. Wenn also irgendwelche Vorschriften gegeben werden, welche die Erhaltung des Gemeinwohls selbst einschließen oder die Ordnung von Gerechtigkeit und Tugend selbst, so enthalten derartige Vorschriften die Absicht des Gesetzgebers, und deshalb sind sie unnachlaßbar; z. B. wenn folgende Vorschrift in einer Gemeinschaft aufgestellt würde, keiner solle den Staat zu Grunde richten, noch die Bürgerschaft den Feinden verraten, oder daß keiner etwas ungerecht und schlimm tue, so wären solche Vorschriften unnachlaßbar; wenn aber einige andere auf jene bezogene Vorschriften überliefert würden, in denen einige spezielle Arten und Weisen bestimmt würden, so könnte in solchen Vorschriften ein Nachlaß geschehen, insoweit durch Unterlassung derartiger Vorschriften in einigen Fällen kein Präjudiz läge für die ersten Vorschriften, welche die Absicht des Gesetzgebers enthalten; z. B. wenn zur Erhaltung des Staates festgesetzt würde in einer Bürgerschaft, daß aus den einzelnen Quartieren einige wachten zur Behütung der belagerten Stadt, so könnte bei einigen Nachlaß stattfinden wegen eines größeren Nutzens".

Volk: Qu. CV, 2 „Nach Augustin (aus Cicero) ist Volk die Versammlung (coetus) einer Menge, die durch übereinstimmendes Recht und gemeinsamen Nutzen verbündet ist (sociatus)". Daher gehört zum Begriff Volk, daß die Gemeinschaftung (communicatio) der Menschen untereinander durch gerechte Vorschriften nach Gesetz geordnet werde. Es ist aber die Gemeinschaftung der Menschen miteinander eine doppelte: eine, welche gemacht wird durch die Autorität der Fürsten, eine andere, welche gemacht wird durch den eigenen Willen der Privatpersonen. Und weil durch den Willen eines jeden disponiert werden kann über das, was seiner Macht untergeben ist, darum müssen durch die Autorität der Fürsten, denen die Menschen unterworfen sind, Gerichte unter den Menschen ausgeübt und Strafen den Übeltätern auferlegt werden. Der Macht der Privatpersonen sind aber ihre

Besitztümer unterworfen; und deshalb können sie mit eigener Autorität hierin miteinander Gemeinschaft treiben, z. B. durch Kauf, Verkauf, Schenkung und anderes der Art. Betreffs beider Gemeinschaftungen aber hat das (alttestamentliche) Gesetz ausreichend Anordnung getroffen (für die Israeliten), Richter eingesetzt, eine gerechte Ge=richtsordnung usw. Bei den Besitztümern ist es das beste, wie der Philosoph im 2. Buch der Politik c. 3 sagt, daß die Besitzungen geschieden (distinctae) sind und ihr Gebrauch teilweise gemeinsam sei, teilweise aber nach dem Willen der Besitzer in den Verkehr kommt (communicetur) usw. Und weil durch die Unregel=mäßigkeit der Besitzungen viele (plures) Staaten zu Grunde gehen, wie der Philosoph Politik 2, c. 5 und 7 sagt, darum hat das israelitische Gesetz bei der Re=gulierung der Besitzung drei Abhilfen (remedium) an=gewendet usw. (gleiche Verteilung nach der Zahl der Menschen, keine Veräußerung der Besitzungen auf ewige Zeiten, die Erbschaftsregulierungen).

Verfassung: Qu. CV, a. 1. „Betreffs einer guten Ordnung (ordinatione) der Regierenden in einem Staate (civitate) oder Volk (gente) ist zweierlei zu beachten: das eine ist, daß alle (Bürger) irgend einen Teil am Regieren haben, denn dadurch wird der Friede des Volkes erhalten und alle lieben eine solche Ordnung und behüten sie wie Politik 2 c. 1. gesagt wird. Ein anderes ist, daß beachtet wird die Art (species) der Regierung oder der Anordnung der Regierungsämter (principatuum), wovon es verschiedene Arten gibt, wie der Philosoph Politik 3, c. 5 überliefert. Die haupt=

sächlichen aber sind das Königtum, in welchem einer
Fürst ist nach der Tugend, und die Aristokratie,
d. h. die Macht der Besseren (optimatum), in welcher
einige Wenige Fürsten sind nach der Tugend. Daher ist
die beste Fürstenanordnung in einem Staate oder König=
reich, in welchem einer an die Spitze gestellt wird
(praeficitur) nach der Tugend, der allen vorsteht und
unter ihm sind (dann), einige Regierende (principantes)
nach der Tugend; und doch gehört ein solches Regenten=
tum allen zu, sowohl weil sie aus allen erwählt werden
können, als auch, weil sie von allen gewählt werden.
Eine solche Staatsverfassung aber ist gut gemischt aus
Königtum, insofern einer an der Spitze steht, aus
Aristokratie, insofern viele Fürsten sind (principantur)
nach der Tugend, und aus Demokratie, d. h. Volksmacht,
insofern aus den Volksgenossen Fürsten gewählt werden
können und dem Volke die Wahl des Fürsten zukommt“.

Regent: Qu. XXI, 3, art. 4. „In jeder Gemein=
schaft hat der, welcher die Gemeinschaft regiert, haupt=
sächlich die Sorge für das Gemeinwohl; daher gehört
ihm zu, zu vergelten für das, was gut oder schlecht in
einer Gemeinschaft getan wird“.

Qu. 96, a. 5: „Vom Fürsten sagt man, er sei gelöst
von den Gesetzen, was die Zwangsgewalt des Gesetzes
betrifft; denn niemand wird von sich selbst eigentlich ge=
zwungen, das Gesetz aber hat Zwangsgewalt nur in=
folge der Macht des Fürsten. So also ist der Fürst
von den Gesetzen gelöst, weil keiner ihn gerichtlich ver=
urteilen kann, wenn er gegen das Gesetz handelt. —
Was aber die Direktionskraft des Gesetzes angeht, so ist

der Fürst dem Gesetz unterworfen mit eigenem Willen (Matth. 23). Was Gottes Urteil betrifft, so ist der Fürst nicht vom Gesetz gelöst bezüglich dessen Direktions=kraft, sondern muß freiwillig, nicht gezwungen, das Gesetz erfüllen. Über dem Gesetz ist der Fürst auch, insofern er das Gesetz ändern kann, wenn es nützlich sein sollte, und in ihm Nachlaß geben nach Ort und Zeit".

Sec. Secdae Qu. LXII, a. 7: „Die Fürsten, welche verbunden sind die Gerechtigkeit im Lande zu behüten, sind, wenn durch ihre Mangelhaftigkeit die Räuber zu=nehmen, zum Ersatz verpflichtet, weil die Einkünfte, die sie haben, gleichsam die dafür eingerichtete Löhnung (stipendia) sind, daß sie Gerechtigkeit im Lande erhalten".

Gehorsam: Sec. Secdae Qu. CIII, a. I. „In menschlichen Dingen sind nach der Ordnung des natür=lichen und göttlichen Rechtes die Niederen verpflichtet ihren Oberen zu gehorchen".

Qu. CIV, 5: „Die Untertanen sind ihren Oberen nicht unterworfen in Bezug auf alles, sondern nur in Bezug auf einiges in bestimmter Weise (determinate)".

Kultus: Pr. Secdae Qu. 99, a. 3. „Das gött=liche Gesetz wird hauptsächlich eingerichtet, die Menschen zu Gott hin zu ordnen, das menschliche Gesetz aber hauptsächlich, die Menschen zueinander hinzuordnen. Und deshalb haben die menschlichen Gesetze nicht dafür ge=sorgt, über den Gottesdienst (culta divino) etwas ein=zurichten, außer in Beziehung auf das Gemeinwohl der Menschen; und deshalb haben sie sogar vieles erdichtet bezüglich der göttlichen Dinge, je nachdem es ihnen nützlicher erschien zur Bildung (Gestaltung) der Sitten der Menschen, wie es klar ist im Ritus der Heiden. Das göttliche Gesetz umgekehrt hat die Menschen ein= ander zugeordnet, je nachdem es der Ordnung paßte, die auf Gott geht, den es hauptsächlich erstrebte. Es wird aber der Mensch auf Gott hin geordnet nicht allein durch die inneren Akte des Geistes, welche sind: glauben, hoffen, lieben, sondern auch durch gewisse äußere Werke, durch welche der Mensch seine göttliche Knechtschaft bekennt, und von diesen Werken sagt man, sie gehören zum Gottesdienst.

Politische Tugenden: Secunda Secundae qu. XXIII, a. 3. Gemäß den politischen Tugenden über= nehmen die Bürger zuweilen Ausgaben (dispendia) so= wohl ihres Eigentums als ihrer Personen.

Ibid. qu. CXXXVI, a. 3: „In der verderbten Natur (seit dem Sündenfall) wiegt vor die Neigung sinnlichen Be= gehrens, die im Menschen herrscht (statt der Neigung der Vernunft). — Das Gut politischer Tugend ist der menschlichen Natur angemessen, und deshalb kann der menschliche Wille ohne Hilfe der Gnade, die angenehm macht, nach jenen streben, obwohl nicht ohne Hilfe der Gnade Gottes (überhaupt).

Nur Gläubige wahrhaft sittlich: Sec. Secdae qu. LXIX, a. 3: „weil nicht angenommen wird (prae- sumitur), daß Rechtlichkeit sei, wo nicht der wahre Glaube ist, darum darf ein Katholik nicht an einen ungläubigen Richter appellieren".

Strafe: Prima Secdae qu. 99, a. 6: „Wie bei den theoretischen Wissenschaften die Menschen durch die syllogistischen Mittelglieder dazu geführt werden, den Schlußsätzen zuzustimmen, so werden auch bei jeglichen (quibuslibet) Gesetzen die Menschen zur Beobachtung der Vorschriften geführt durch Strafen und Belohnungen".

Ibid. qu. CV, a. 3: „Wie ein Mensch gestraft wird wegen der Sünde, die er begangen hat, damit andere, es sehend, sich fürchten und davon abstehen zu sündigen, so kann auch wegen irgend einer Sünde ein Volk oder ein Staat (civitas) gestraft werden, damit andere ähnlicher Sünde sich enthalten".

Sec. Secdae qu. LXVI, a. 6: „Die Strafen des gegenwärtigen Lebens sind mehr arzneilich als vergeltend. Die Vergeltung gehört dem Weltgericht. Und deshalb wird nach dem Gericht des gegenwärtigen Lebens nicht für jegliche Todsünde Todesstrafe zugefügt, sondern nur für diejenigen, welche einen unersetzlichen Schaden bringen, oder auch für die, welche eine schreckliche Unnatur (deformitatem) in sich tragen".

Qu. LXVIII, a. I: „Die arzneiartigen Strafen werden erklärt als beitragend entweder zur Besserung (emendationem) der sündigenden Person oder zum Wohl des Staates, für dessen Ruhe gesorgt wird durch Bestrafung der Sündigenden".

LXIX, a. II: „Vieles wird nach menschlichen Gesetzen ungestraft gelassen, weil das menschliche Gesetz vom Menschen nicht allseitige Tugend fordert, welche die Sache Weniger ist und nicht in einer so großen Menge Volkes kann gefunden werden, als das menschliche Gesetz nötig hat zu erhalten (sustinere)".

Qu. XCIX, a. IV: „Strafen werden gewissermaßen als Arzneien auferlegt, damit dadurch geschreckt die Menschen von der Sünde abstehen".

Qu. CVIII, a. 4: „Strafe ist Arznei, nicht bloß heilende in Bezug auf vergangene Sünde, sondern auch bewahrend vor künftiger Sünde oder sogar treibend (promotiva) zu irgend einem Guten".

Irdische Güter: Sec. Secdae qu. XXXII, a. 5. „Die zeitlichen Güter, welche den Menschen von Gott gegeben werden, gehören zwar dem Einzelnen, was das Eigentum betrifft, was aber ihren Gebrauch angeht, so müssen (debent) sie nicht allein ihm gehören, sondern auch den anderen, die aus ihnen unterhalten werden können nach dem, was für jenen von (dem Besitzer) Über=fluß ist. Berufung auf Basilius, Ambrosius und Decret. cap. Sicutii dist. 47".

Qu. CXVIII, c.: „In äußerem Reichtum kann nicht ein Mensch Überfluß haben, wenn nicht ein anderer Mangel hat, weil zeitliche Güter nicht gleichzeitig von vielen können besessen werden".

Qu. CX, 3: „wie es nicht erlaubt ist zu dem Zweck zu stehlen, daß der Mensch Almosen gebe, außer etwa im Fall der Not, in welchem alles gemeinsam ist".

Arbeit: Sec. Secdae qu. CLXXXVII, 3: „Hand=arbeit (= alle menschlichen officia, aus welchen Menschen erlaubterweise Unterhalt gewinnen, geschähen sie mit Händen oder Füßen oder mit der Zunge) bezieht sich auf viererlei: 1. und hauptsächlich zur Erwerbung des Lebensunterhaltes, 2. den Müßiggang wegzuschaffen, aus dem viel Übel entstehen, 3. zur Zügelung der Begierden, insoweit dadurch der Leib kasteit wird (maceratur), 4. um Almosen geben zu können. Nach 1. ist Arbeit notwendige Pflicht, sofern sie zu dem Zweck not=

wendig ist, und deshalb, wer nicht sonst woher hat,
wovon er leben kann, ist verpflichtet mit den Händen
zu arbeiten, weß Standes er auch sei. — Wenn also
jemand ohne Essen sein Leben hinbringen könnte, so
wäre er nicht verpflichtet mit den Händen zu arbeiten.
Dasselbe gilt von denen, die sonst nicht haben, wovon
sie erlaubterweise leben können. Nach 2. und 3. fällt
die Handarbeit nicht unter den Begriff einer notwendigen
Vorschrift, weil auf viel andere Weisen das Fleisch
kasteit oder auch die Muße beseitigt werden kann, z. B.
durch Fasten und Wachen und durch Betrachtungen der
h. Schriften und göttliche Lobgesänge. Deshalb sind
aus diesen Gründen weder Mönche noch Weltliche zur
Handarbeit verpflichtet. Auch 4. fällt nicht unter den
Begriff notwendiger Vorschrift; außer etwa in einem
besonderen Fall, in dem einer verpflichtet wäre infolge
von Not (ex necessitate) Almosen zu geben und nicht
anderswo haben könnte, womit er den Armen zu Hilfe
käme, in welchem Falle ähnlicherweise Mönche und Weltliche verpflichtet wären zu Handarbeiten".

Preise: Sec. Secdae qu. LXXVII, 2: „Die
Maße der verkäuflichen Sachen sind notwendig an verschiedenen Orten verschieden wegen der Verschiedenheit
von Fülle und Mangel der Sachen, weil, wo die Dinge
mehr im Überfluß sind, die Maße größer zu sein pflegen".
Und nachher: nach Augustin de civit dei 11, c. 16:
„Der Preis der verkäuflichen Dinge wird nicht betrachtet
nach dem Grad der Natur, da manchmal teurer verkauft
wird ein Pferd als ein Sklave, sondern wird betrachtet,
je nachdem die Dinge in Gebrauch der Menschen kommen".

Zinsen: Sec. Secdae XXVIII, a. 1: „Zinsen zu empfangen von irgendwelchem Menschen ist schlechtweg böse" (malum).

Sklaverei: Kommentar zum Lombarden IV Dist. XXXV, qu. 1 art. 2: „Da das positive Recht aus dem natürlichen Recht hervorgeht, deshalb kann die Sklaverei, welche zum positiven Recht gehört, nicht präjudizieren dem, was zum natürlichen Recht gehört. Wie aber der Naturtrieb (appetitus) auf Erhaltung des Individuums geht, so auch auf Arterhaltung durch Zeugung. Daher kann der Sklave frei eine Ehe schließen (contrahere) auch ohne Wissen des Herrn und gegen dessen Widerspruch".

Was die natürlichen Dinge betrifft, so sind alle (Menschen) gleich.

Es liegt dem Gesetzgeber daran, wie ein jeder seine Sache gebraucht, daher besteht Einmischungsrecht desselben z. B. in die Behandlung der Sklaven.

Ibid. Dist. XXXIX qu. 1, 4: Sklave sein ist nicht etwas, was der Vollkommenheit christlicher Religion nicht anstände (incompetens), die (ja) besonders die Demut (Niedrigkeit) bekennt".

Kaufmannschaft: Prima Secdae qu. I, XXVI, a. 4: „Kaufmannschaft, an sich betrachtet, hat etwas Schimpfliches (quandam turpitudinem), insofern sie aus ihrem eigenen Begriff nicht ein anständiges Ziel mit sich bringt. Aber der Gewinn daraus kann zu einem notwendigen oder auch anständigen Zweck geordnet werden, und dann ist Kaufmannschaft (sittlich) erlaubt, z. B. bei mäßigem Gewinn zur Erhaltung des Hausstandes oder zur Unterstützung Dürftiger, oder Kaufmannschaft, damit nämlich nicht die zum Leben notwendigen Dinge dem Vaterland fehlen".

Daß in all diesen theologischen Entscheidungen die Staatslehre des Aristoteles im Hintergrunde steht, wäre aus sich klar, auch wenn es Thomas nicht öfter ausdrücklich gesagt hätte.

Schlußbetrachtung.

Daß Thomas bei aller katholischen Christlichkeit ein zugleich wissenschaftlicher Geist war, dafür zeugt z. B. die oben (S. 47) angeführte Stelle von der Möglichkeit, vielleicht einmal anders, als es Ptolemäus getan, die Bewegungen der Himmelskörper zu erklären, zu der Ptolemäus selbst Anregung geboten. Auch eine Ahnung vom Segen der Preßfreiheit äußert er einmal in der kleinen Schrift de unitate intellectus (gegen die Averroisten) gegen Ende, wo er schreibt: „Das ist es, was wir zur Zerstörung des vorgenannten Irrtums geschrieben haben, nicht nach Dokumenten des Glaubens, sondern nach Gründen und Aussprüchen der Philosophen selber. Will jemand sich rühmend einer fälschlich sogenannten Wissenschaft gegen das, was wir geschrieben haben, etwas sagen, so möge er nicht sprechen in Winkeln und vor Knaben, sondern soll gegen diese Schrift schreiben, wenn er es wagt, und er wird nicht nur mich finden, der ich unter den anderen der kleinste bin, sondern viele andere, die Pfleger der Wahrheit sind, durch welche seinem Irrtum wird widerstanden oder seiner Unwissenheit wird geholfen werden (consuletur)." Da die hier vorausgesetzte freie Meinungsäußerung und Gegen= äußerung, bei der Thomas dem Sieg der Gründe ver= traut, nicht gewährt wurde, so blieb der Averroismus unausrottbar im späteren Mittelalter, aber wie eine Art Geheimweisheit. Wie liberal Thomas in Ausdrücken war, die man seit langem scheuen würde, erkennt man in seiner Bemerkung über natura naturans Prima Secun- dae qu. 85, a. 6: „Allgemein = Natur ist eine tätige Kraft in einem Allgemein=Prinzip der Natur, etwa in einem der Himmelskörper oder einer oberen Substanz, demzufolge auch Gott von Einigen natura naturans genannt wird, als die Kraft nämlich, welche das Gut und die Erhaltung des Universums erstrebt, wozu er= fordert wird die Abwechslung von Entstehung und Ver= gehen in den Dingen." Mit Hilfe des Aristoteles stand er manchen modernen Auffassungen nahe, so z. B. der Grundlage der Lehre von der mehrfachen Persönlichkeit. Prima Secundae qu. XVII a. 9 schreibt er auf die Frage: warum gehorchen die Bewegungen des Herzens und des Schamgliedes nicht der Vernunft, als Antwort: „weil jedes von diesen Gliedern gleichsam ein besonderes Lebewesen ist (quasi quoddam animal separatum), in= sofern es ein Lebensprinzip ist, ein Prinzip aber ist virtuell ein Ganzes; das Herz nämlich ist das Prinzip der Sinne (Sinnesempfindungen), und aus dem Zeugungsglied geht die Samenkraft hervor, die virtuell ein ganzes Lebewesen ist." Dazu nehme man die Lehre des Thomas von der materia signata = certis dimensionibus signata als Prinzip der Individuation mit der Folgerung, daß es der besondere Körper ist, der die besondere Seele macht (bedingt). (Contra gentiles II c. LXXV Sicut animae humanae secundum suam speciem competit, quod tali corpori secundum speciem aniatur, ita haec e anima differt ab illa numero solo in hoc quod ad aliud numero corpus habitudinem habet, et sic individuantur animae humanae. Prima Secundae qu. LXXVI a. 2: multitudo animarum est secundum multitudinem corporum). Daher ist ihm die Seele ohne Leib etwas Unvollständiges, volle Unsterblichkeit verlangt daher den Auferstehungsleib. So nahe ist Thomas in vielen Punkten der Bedingtheit menschlichen Seelenlebens durch den Leib gekommen. Wie sehr die Scholastik im Besitz der modernwissen=schaftlichen Auffassungen war und warum sie dieselbe ablehnte, zeigt lehrreich die Ausführung im Kommentar zum Lombarden, einem frühen Werk Thomas', über Be=hexung (IV Dist. XXXIV. qu. I a. 3): „Einige haben gesagt, daß Behexung (maleficium) gar nicht in der Welt wäre außer in der Meinung (aestimatione homi-num), die Naturwirkungen, deren Ursachen verborgen sind, den Behexungen zuschrieben. Aber das ist gegen die Autorität der Heiligen, welche sagen, daß die Dämonen Macht haben über Körper und über die Einbildungs=vorstellungen (imaginationes) der Menschen, wenn es von Gott erlaubt wird; weshalb durch sie die Hexen einige Zeichen tun können. Es geht aber obige Meinung aus der Wurzel des Unglaubens hervor, weil sie nicht glauben, daß es Dämonen gibt außer nur in der Meinung des großen Haufens, wie der Mensch Schrecken, die er sich macht aus seiner Einbildung, einem Dämon zuschreibt, und weil auch infolge heftiger Einbildung in der sinnlichen Empfindung solche Gestalten erscheinen, wie der Mensch sich denkt, und dann glaubt man, es würden Dämonen gesehen. Aber dieses weist der wahre Glaube zurück, nach welchem wir glauben, daß Engel vom Himmel gefallen sind und daß es Dämonen gibt." Hier kommen also über Beobachtungen denkender Männer und den Schlüssen daraus als die geistige Übergewalt, vor der sie zu verstummen haben, 1. die Erlebnisse der Heiligen im mittelalterlichen und patristischen Sinne, deren rein subjektive Art sich längst herausgestellt hat, und 2. der kirchliche Glaube, d. h. die Erzählungen Alten und Neuen Testamentes, die in diesen Punkten jetzt fast allgemein wissenschaftlich für Reste babylonischer Sage, resp. für stammend aus dem Volksglauben der Zeit angesehen werden. Von da aus konnte sich Beseitigung der Wunder überhaupt ergeben, die ja von Thomas eingeschränkt werden. Sec. Secdae qu. C. a. 4 sagt er: „Wie Gott nichts wirkt gegen die Natur, weil das die Natur eines jeden Dinges ist, was Gott in ihr wirkt, doch aber gegen den gewohnten (solitum) Lauf der Natur etwas wirkt." — Für diese abweichenden Ereignisse bot sich dieselbe Erklärung dar, wie bei den Hexenwundern, „natürliche Wirkungen, deren Ursachen uns verborgen sind." In der Tat stecken in Thomas schon alle Elemente, aus denen nach langen Jahrhunderten die Aufklärung hervorging, welche Gott als gesetzmäßige Ursache der Natur festhielt und der Verehrung Gottes die Liebe zu den Menschen als sittliche Pflicht beiordnete.

Selbst Voltaire würde in abstracto den Satz des Thomas anerkannt haben Sec. Secdae qu. CXXXI, 1: „Das, worin ein Mensch hervorragt, wird dem Menschen von Gott gegeben, damit er damit (ex eo) Anderen nützlich sei." Er würde aber auch den Satz groß genannt haben, den Thomas in de regimine principum hat: „ohne einige Annehmlichkeit kann das Leben des Menschen nicht lange bestehen", einen Satz, den Albert d. Gr. fast mit denselben Worten bietet: non est homo qui sine delectatione vivere possit (Eth.). Thomas schreibt Prima Secdae. qu. CIX a. 2: „Mehr ist die menschliche Natur durch die Sünde (Erbsünde) verderbt worden, was den Trieb zum Guten angeht, als was die Erkenntnis der Wahrheit angeht." Die Erbsünde würde diese Aufklärung weglassen, die Tatsache selber anerkennen, aber eben daraus folgern, daß die Erkenntnis geweckt werden solle, um von ihr aus der moralischen Art soviel möglich zu Hilfe zu kommen. Fraglich ist es heute, ob Thomas dem Christentum gerecht wird durch Entscheidungen wie: Sec. Secdae CV, 2: „Wer ungehorsam ist dem Gebot von der Gottesliebe, sündigt schwerer, als wer ungehorsam ist dem Gebot von der Liebe des Nächsten" und ibid. qu. CLXXXVIII, 4: „mehr wird beschafft (procuratur) der Nutzen des Nächsten durch das, was zum geistlichen Heil der Seele gehört, als durch das, was dazu gehört, leiblicher Not zu Hilfe zu kommen, um so viel mehr ja das Geistliche höher ist (potiora) als das Leibliche." Heutzutage sieht man selbst in katholischer Praxis als das Erste an, der leiblichen Not abzuhelfen, damit der Mensch nur Muße gewinne eines Geiftlichen in fich, d. h. Gedanken über die dringendſten Bedürfniſſe hinaus inne zu werden. Wie ſo innerhalb des Katholizismus durch Thomas Aufklärung im wiſſenſchaftlich ernſten Sinne erhalten und gefördert worden iſt, ſo wird dies auch ein Miterfolg des Neuthomismus ſein, der auf Leos XIII. Anregung ſo ſich verbreitet hat. Man kann nicht Thomas treiben, ohne eben damit Ariſtoteles' Auffaſſung von Natur und Menſchenwelt zu treiben und ohne von vielen Punkten derſelben darauf geführt zu werden, ob wir nach ge= nauerer wiſſenſchaftlicher Methode das noch ſo anſehen können. Da iſt nun eins unzweifelhaft, Thomas=Ariſto= teles gehen weſentlich bei ihrer wiſſenſchaftlichen Welt= auffaſſung aus von der organiſchen Natur und von der Überzeugung, daß da ut in pluribus die Natur ihren angelegten Zweck erreiche, nur ut in paucioribus da= hinter zurückbleibe, was aus dem ſteten Werden an der Erde als ein nicht zu ſehr in Betracht kommender Neben= erfolg ſich mit erkläre. Nun ſteht es aber auch ohne Darwinismus feſt, daß gerade in der organiſchen Natur die meiſten Keime gar nicht zur Entfaltung kommen, daß alſo ut in pluribus die Anlagen nicht Verwirklichung finden und nur ſehr in paucioribus und auch da mit vielen Hinderniſſen. Was ferner die ariſtoteliſche Auffaſſung als Werdeprozeß, d. h. unaufhörliches Entſtehen und Vergehen, bloß an der Erde ſtatuiert mit einer höheren Welt darüber, das hat ſich längſt nicht mehr halten laſſen, ſondern die ganze Welt iſt in Übereinſtimmung mit dem Werdeprozeß an der Erde zu denken. Dadurch werden die Grundgedanken der wiſſenſchaftlichen ariſto=

telisch-thomistischen Weltauffassung noch nicht hinfällig, sie müssen aber bedeutende Abänderungen erfahren, an denen, je mehr in katholischen Kreisen der Thomismus wird betrieben werden, desto eher auch aus demselben wieder eine neue Aufklärung hervorgehen wird, die nicht mit Spott und Scherz sich verbindet, wie die frühere zum Teil ja mußte, sondern mit strengster Wissenschaft und der durch die ökonomische und hygienische und psychophysische Erkenntnis bereicherten und vertieften Moral.